戦略思考の魅力度ブランディング

企業価値を高める
「魅力」の
磨き方と伝え方

編著：企業広報戦略研究所［株式会社電通パブリックリレーションズ］

STRATEGIC THINKING ON BRAND MANAGEMENT

Tactics to Enhance Attractiveness and Boost Corporate Value

日経BP社

はじめに

企業と生活者の距離感は、かつてないほど近づいています。その背景には、メディアを取り巻く2つの環境変化があります。第1の変化は「自社発情報の充実」です。TwitterやFacebookなど企業の公式アカウント、さらには企業の個性や強みを活かした主体的な情報発信によるブランドジャーナリズムの浸透です。

記者会見やリリース等で発表し報道されることは重要ですが、それ以上に「自社発情報」の存在感は高まっています。その結果として、企業と生活者の距離が近づいているのです。特に29歳以下の世代においては、ウェブサイトなどの「企業からの発信」への信頼度（77％）は、新聞など「メディア」に対する信頼度（59％）を上回っています（経済広報センター「第19回　生活者の「企業観」に関する調査」）。いまでは企業が発信する情報のほうが信用され、より身近な情報として捉えられるようになりました。

第2に「一億総ジャーナリスト化」ともいうべき動きがあります。総務省の調べによると、情報の受け手である一般生活者による主要なソーシャルメディア利用率は、２０１６年に79・４％にまで上昇しています。10代から30代では90％を超えており、40代でも87・５％に達しています（総務省情報通信政策研究所２０１７・７）。ソーシャルメディアはすでに、全世代に広く浸透しています。つまり一般生活者が目にするもの、耳にするものすべてが情報コンテンツとなりえるということです。こうした情報環境の変化を背景に、企業の商品・サービスの受け手である生活者が、身近な企業人（店員・駅員・配達員・コールセンターなど）の応対を、写真やビデオで撮影してソーシャルメディアに投稿するケースが激増しました。そこには、しばしば批判や不満のコメントが添えられています。ユーザーが増加しソーシャルメディアが進化する中、現在では「神対応」や「炎上」といった現象が頻発しています。こうした生活者の投稿行動を当研究所では「一億総ジャーナリスト時代」と呼んで注目をしています。

情報の流通構造が大きく変化し、企業と生活者の距離感がより近づいたことで、企業の「ブランド戦略」は見直しを迫られています。これまでの「イメージ戦略」に加えて、従業員の行動や企業活動などをマネジメントする「Brand consistency」が重要度を増しているのです。目標とするブランド像の輪郭を明確にして、その目標に相応しい行動・活動など社員や企業のつくるファクトを社内の隅々にまで浸透させ、組織的に実行し、ステークホルダーに伝え、共感を獲得していく。ゴールに近づくためには、このようなアプローチが求められます。

企業広報戦略研究所では、企業の「魅力」に注目し、「企業魅力度モデル（Attractiveness Marketing Model）」を構築しました。これをもとに設計した調査が、今年で第2回となる企業魅力度調査です。この調査により、生活者が企業を魅力的だと感じる際に作用している魅力項目を構成するファクト、今後企業が力を入れて情報発信すべき魅力を構成するファクトなどを具体的に明らかにしました。

各企業にとって重要なブランド・エレメントを分析し、自社の特性を踏まえた広報戦略を立案・実行する。それが効果的なコーポレートブランディングへの道であると、私たちは考えています。

２０１８年 初春

企業広報戦略研究所　所長　三浦健太郎

戦略思考の魅力度ブランディング

企業価値を高める「魅力」の磨き方と伝え方

CONTENTS

CONTENTS

CHAPTER 3

3つの魅力の要素1 人的魅力

CONTENTS

CHAPTER 4

3つの魅力の要素2　会社的魅力

CHAPTER 5

3つの魅力の要素3　商品的魅力

CONTENTS

CHAPTER 6
企業の魅力の伝わり方

CHAPTER 7

企業がもっと魅力的な存在になるために

CONTENTS

本書における「ファクト」について

近年、企業の商品・サービスだけでなく、企業の行動を生活者がさまざまな角度から評価し、その評価に応じて消費行動や投資行動も変化することが多くなってきました。

例えば、ある企業が不祥事を起こせば、不祥事そのものやその企業の対応や姿勢までもがソーシャルメディア上で広まり、商品やサービスが売れなくなったり、企業価値を示す株価を直撃したりする事例もよく見受けられるようになっています。

また、逆に企業が良い行動をとれば、同様にソーシャルメディアで広まり、ファンを増やし商品やサービスが売れ、株価が高くなるような事例も少なくありません。

このような事例からは、これからのマーケティングでは商品やサービスのみならず、法人としての人格を持った企業自体が、生活者に支持される必要があることを示しています。そして、企業は、どのような行動が生活者に魅力的だと思われ、支持されているのかを知ることが重要になってきました。

本書では、企業の活動や実態を「ファクト」と定義しています。ファクトとは、法人としての企業の活動そのものを意味するだけにとどまらず、事実に基づいた、ビジョン、戦略、商品、サービスなどの企業を構成する要素も含んでいます。

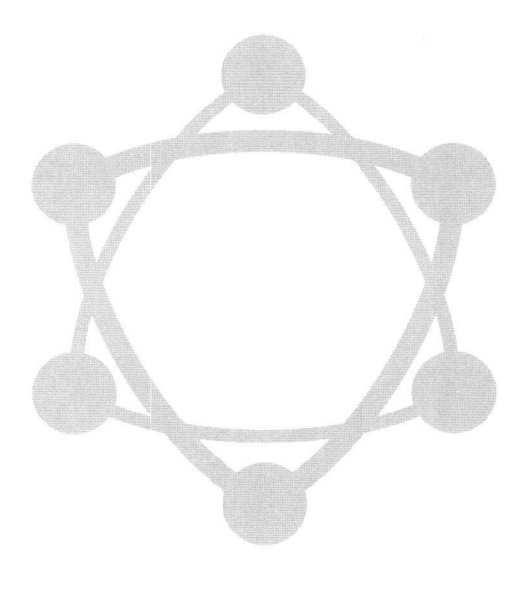

— CHAPTER 1 —

いま、なぜ魅力に着目するのか?

STRATEGIC THINKING ON
BRAND MANAGEMENT
Tactics to Enhance Attractiveness and
Boost Corporate Value

1-1

現場の「神対応」が株式市場を動かす

STRATEGIC THINKING ON BRAND MANAGEMENT
Tactics to Enhance Attractiveness and Boost Corporate Value

初詣やスポーツ大会などのイベントを見て、「昔と様変わりした」と感じたことはないでしょうか。イベントの装飾や人々のファッションも変わったかもしれませんが、おそらく最も大きな違いの１つはスマホの登場でしょう。多くの人たちがスマホをかざして、イベントの風景を撮影し、その場でソーシャルメディアなどにアップするようになりました。

イベントだけではありません。列車の中、レストランの店内、名所旧跡などあらゆる場所で珍しいもの、驚いたこと、楽しかったことが写真として切り取られ、コメントつきでインターネットに載せられる。そんな時代になりました。いくつかの事例を紹介しましょう。

ＪＲ東日本の郡山駅で２０１６年１月、構内の黒板に「受験生のみなさまへ」と題する励ましのメッセージが掲載されました。１人の駅員による手書きのメッセージに共感したのでしょう。誰かが黒板を撮影してポジティブなコメントとともにツイートしました。このツイートは瞬く間に拡散し、まとめサイトや各種のメディアにも取り上げられました。受験生からも、「勇気づけられた」など多くの反応がありました。

次に、家具などを販売するイケアの鶴浜店（大阪市）での出来事です。２０１７年１月、何者かから店舗に対する爆破予告があり、買物客と従業員は全員退避することになりました。店外は寒く、薄着の人たちは震えていました。そこで、イケアのスタッフは気を利かせ、買物袋などを防寒具として配りました。感謝した誰かが写真とともにアップしたツイートは次々と拡散し、ヤフーニュースなどに掲載され、イケアスタッフの「神対応」として話題になりました。

２０１４年には、山崎製パンの神対応が有名になりました。大雪のために中央自動車道がストップし、多くの人たちがサービスエリアに避難。空腹を我慢していたときに、山崎製パンの配送トラックに乗っていた関係者が積み荷のパンを提供しました。ソーシャルメディアやニュースメディアを通じて拡散した話題は、株式市場にも影響を与えました。

これらの事例は企業の好印象を世の中に拡散しましたが、逆にマイナスの影響を与えたケースもあります。

例えば、食品への異物混入です。「××が入っていた」といったコメントとともに、写真がソーシャルメディアにアップされる事例が少なくありません。以前は、当該食品メーカーのコールセンターなどに苦情の電話をかけるのが、通常のクレームのスタイルでした。その場合、企業側の対応としては手土産を持参して丸くおさめるといった対処も可能だったでしょう。しかし、最近では企業とのやり取りなしに、消費者がいきなりソーシャルメディアで「告発」するというケースが目立ちます。

ほかの分野でも、人々のひんしゅくを買う企業関係者の行為が証拠写真つきでソーシャルメディアなどにアップされ、一気に広がった事例は少なくありません。さらに静止画だけでなく、動画が拡散することも多くあります。内容にもよりますが、静止画に比べると動画のインパクトは強く、ネガティブな情報が企業にもたらすダメージはより大きなものになるでしょう。

○一億総ジャーナリスト時代

以上で紹介したケースは、一般生活者が起点となり不特定多数の人々を経て拡散し、マスメディアを含む様々なメディアで取り上げられた話題です。新聞やテレビの記者が取材して掘り起こしたニュースではありません。いまや、一億総ジャーナリスト時代と呼べるような状況が生まれているのです。

注意したいポイントは、拡散の起点となった生活者にポジティブまたはネガティブな印象を与えたのが、多くの場合には現場で働く従業員であるということ。従業員の周囲に対する気配りや機転、あるいは傲慢さや不注意が目にとまり、それがソーシャルメディアなどを通じて拡散した事例が多いのです。ソーシャルメディア時代には、従業員一人ひとりが企業の代表者だという言い方もできるでしょう。

もう1つのポイントは拡散した話題がファクトに基づいているということ。最近氾濫しているフェイクニュース（偽ニュース）は最終的には淘汰されます。長期間にわたって事実として信じられるニュースがないとは言い切れませんが、ほとんどは拡散する過程でソーシャルメディアユーザーやメディアの発したカウンター情報によって打ち消されます。

拡散したポジティブな話題を集めて調査したところ、ある傾向が見えてきました。それは「魅力」という言葉が盛んに使われていることです。もちろん、「かっこいい」や「クール」、「素晴らしい」といったワードもありますが、これらを代表する概念として魅力を捉えられるのではないか。そこで、魅力という言葉がどの程度メディアに登場しているかを調査しました。

○「魅力」を含む記事が急増

新聞や雑誌などの検索サービス「ＥＬＮＥＴ」で調べたところ、「魅力」と「企業　ＡＮＤ　魅力」でヒットする記事が２０１１年ごろから急増していることが分かりました（図１－１）。

なぜ、この時期だったのでしょうか。２０１１年前後を振り返ると、個人の情報環境が大きく変化したことに気づくはずです。それはスマホの普及が大きく影響していると考えられます。iPhoneの日本での発売開始は２００８年、以後スマホと呼ばれる新しいデバイスが急速に存在感を高めました。こうした

図1-1 急上昇ワード「魅力」という言葉に着目

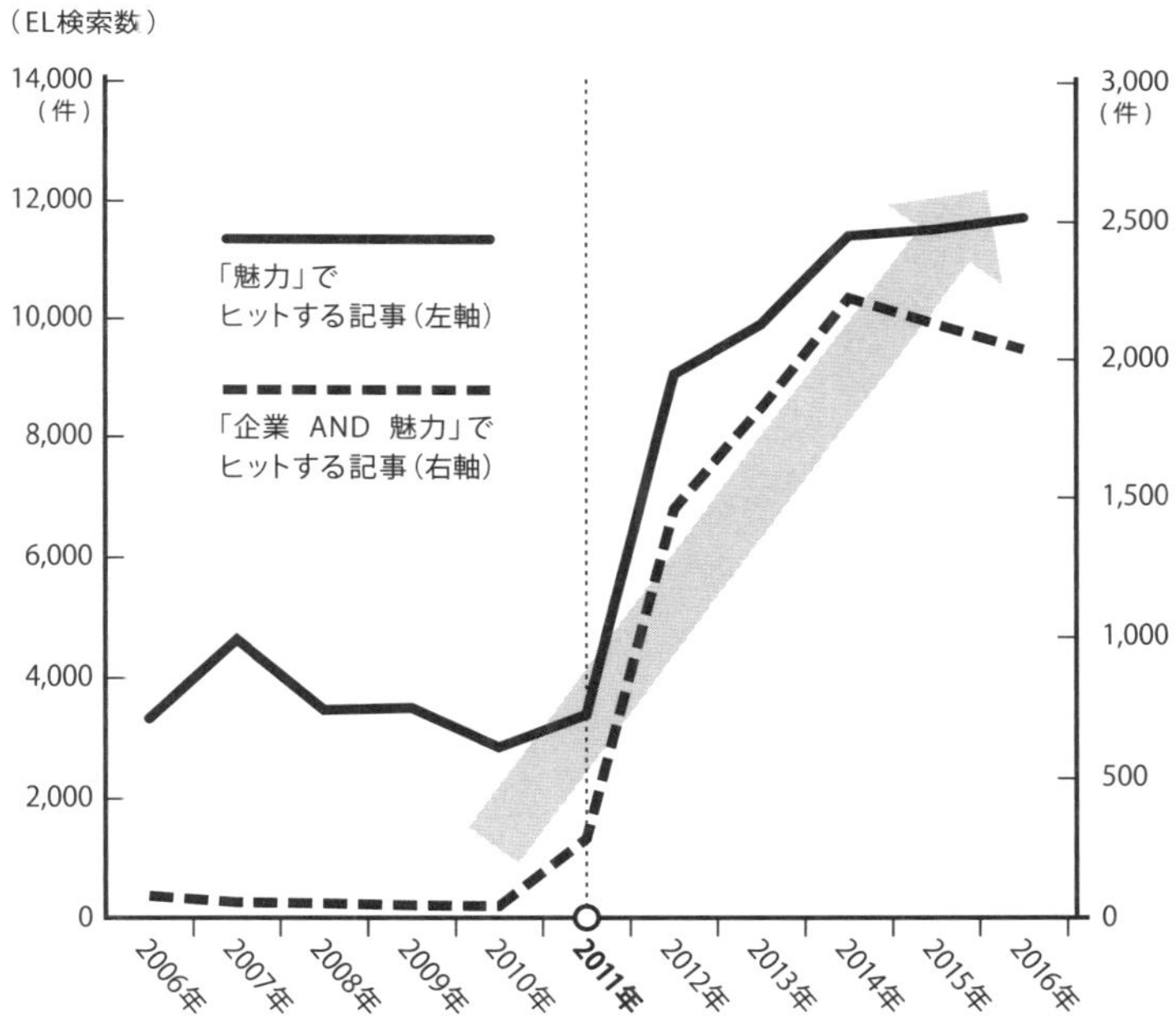

情報端末の変化

スマホ契約数8.1倍に

955万台 → 7715万台へ（2011年3月から2016年3月）

情報環境の変化が個人の情報発信のハードルを下げ、一億総ジャーナリスト化が進行しています。

情報発信のハードルはいまも下がり続けています。ハードウエアとしてのデバイスは高機能化し、年々より使いやすくなっています。ソーシャルメディアの普及とアプリの進化も同様でしょう。誰でも簡単に情報をアップでき、パーソナライズ機能により、本人が興味のありそうな情報が見つけやすくなりました。面白いと思ったメッセージに対しては、簡単に「いいね」とか「ひどいね」といったレスポンスを送ることもできます。

その結果、ノイジーマイノリティ、つまり声高に何かを訴える少数派の意見に、多数派が同調しやすい情報環境が生まれました。かつて、サイレントマジョリティーは自分にとって高く見える意見表明のハードルの前で立ち止まっていました。しかし、テクノロジーによって半ば強制的にハードルが下げられたことにより、気軽に同意したりリツイートしたりするようになったのです。

こうした状況を、不寛容社会と呼ぶ向きもあります。例えば、買ったばかりの新車の写真をソーシャルメディアにアップした人が、「高額消費自慢」として叩かれるといった現象です。以前であれば、多くの人は妬みのような感情を抱いたとしても、それを胸の中に秘めていました。いままでは、スマホの画面をポチッと押すだけで発信者への嫌悪感を表明することができます。個人だけでなく、企業もまたこうしたリスクに向き合わざるを得ないといえます。

良い情報であれ悪い情報であれ、一億総ジャーナリスト時代において人々がソーシャルメディアを通じて拡散する情報は、企業の行動や実態、すなわちファクトなのです。そして人々はそのファクトにこそ魅力や嫌悪を感じているのではないでしょうか。

1-2

情報環境と情報流通構造®の変化

STRATEGIC THINKING ON BRAND MANAGEMENT
Tactics to Enhance Attractiveness and Boost Corporate Value

○スマホとソーシャルメディアの普及

では、企業の魅力はどのようにして人々のもとに届けられるのでしょうか。悪評などネガティブ情報も同じような経路で流通しています。「魅力を発信したい」と考える企業は、まず情報流通構造®を理解する必要があります。

スマホとソーシャルメディアについては触れましたが、個人を取り巻く情報環境についてもう少し詳しく見てみましょう。

総務省情報通信政策研究所の「２０１６年 情報通信メディアの利用時間と情報行動に関する調査」（２０１７・７）によると、スマホユーザーの割合は年々高まっています（図１－２）。２０１２年にスマホの利用率はフィーチャーフォンのほぼ２分の１でしたが、２０１６年には逆転しています。

図1-2 2016年スマートフォン等の利用率(全世代)

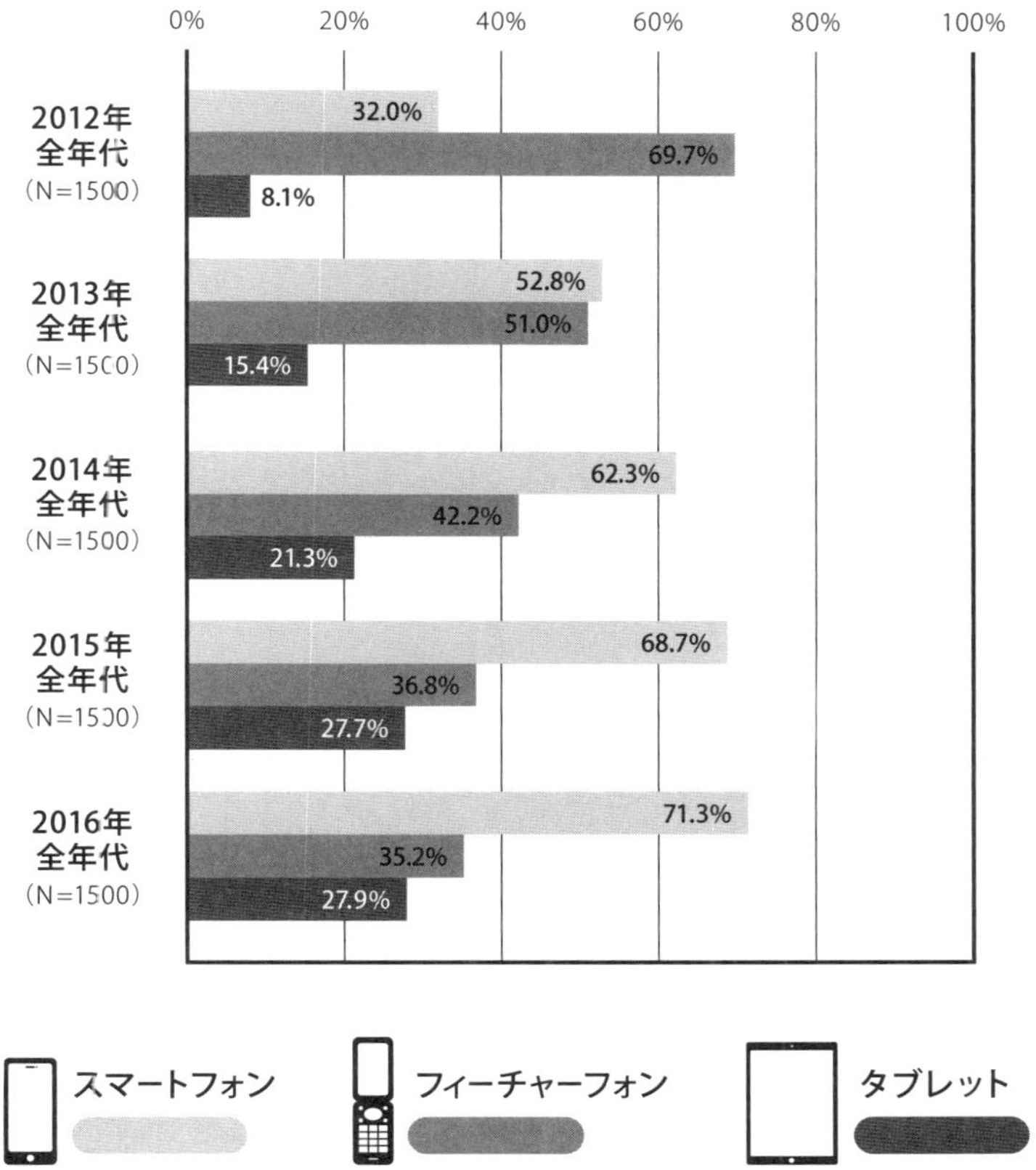

※フィーチャーフォン:ここでは携帯電話のうち、スマートフォンを除き、PHSを含むもの。

同じ調査がソーシャルメディアの浸透度も明らかにしています（図1－3）。主要な7つのソーシャルメディアのうち、いずれかを利用しているユーザーは全世代で7割以上。20代と30代では9割を超えています。20代・30代はもとより40代や50代においても、ソーシャルメディアが普及していることに注意を払う必要があるでしょう。

次に、新聞などを含めたテキスト系ニュースサービスの利用状況です（同調査による）。図1－4に示したように、2013年には「最も利用しているテキスト系ニュースサービス」としては新聞の存在感が他を圧していました。しかし、2016年には新聞とポータルサイトによるニュース配信がともに30％台でほぼ拮抗しています。ソーシャルメディアによるニュース配信も1割を突破しました。

ただし、ポータルサイトやソーシャルメディアが表示するニュースの多くは、新聞社によって提供されています。したがって、このグラフと同じ割合で新聞のパワーが低下しているわけではありません。新聞の取材力や編集力には、依然として大きなものがあります。

目的別に、最も利用するメディアを尋ねた調査もあります（同調査）。「い

図1-3 2016年主なソーシャルメディアの利用率（全年代・年代別）

	全年代 (N=1500)	10代 (N=140)	20代 (N=217)	30代 (N=267)	40代 (N=313)	50代 (N=260)	60代 (N=303)
1. LINE	67.0%	79.3%	96.3%	90.3%	74.1%	53.8%	23.8%
2. Facebook	32.3%	18.6%	54.8%	51.7%	34.5%	23.5%	10.6%
3. Twitter	27.5%	61.4%	59.9%	30.0%	20.8%	14.2%	4.6%
4. mixi	6.8%	2.9%	13.4%	9.4%	8.3%	5.8%	1.0%
5. Mobage	5.6%	6.4%	9.2%	9.7%	4.8%	4.2%	1.0%
6. GREE	3.5%	3.6%	6.9%	4.5%	3.2%	2.7%	1.0%
7. Google+	26.3%	28.6%	29.5%	37.5%	30.0%	25.4%	10.2%
8. YouTube	68.7%	84.3%	92.2%	88.4%	77.3%	55.4%	29.7%
9. ニコニコ動画	17.5%	27.9%	36.4%	19.5%	15.3%	9.2%	6.6%
10. Vine※	2.9%	5.7%	7.4%	3.7%	1.6%	1.2%	0.3%
11. Instagram	20.5%	30.7%	45.2%	30.3%	16.0%	12.3%	1.3%
上記1～7のうちいずれかを利用	73.5%	82.9%	97.7%	94.0%	80.5%	65.0%	33.7%
上記1～6のうちいずれかを利用	71.2%	81.4%	97.7%	92.1%	78.3%	60.8%	30.7%
上記1～11のいずれかを利用（動画系の4つ含む）	79.4%	90.7%	98.2%	97.4%	87.5%	71.5%	43.2%

※ 2017年1月にサービス終了。

図1-4 最も利用しているテキスト系ニュースサービス

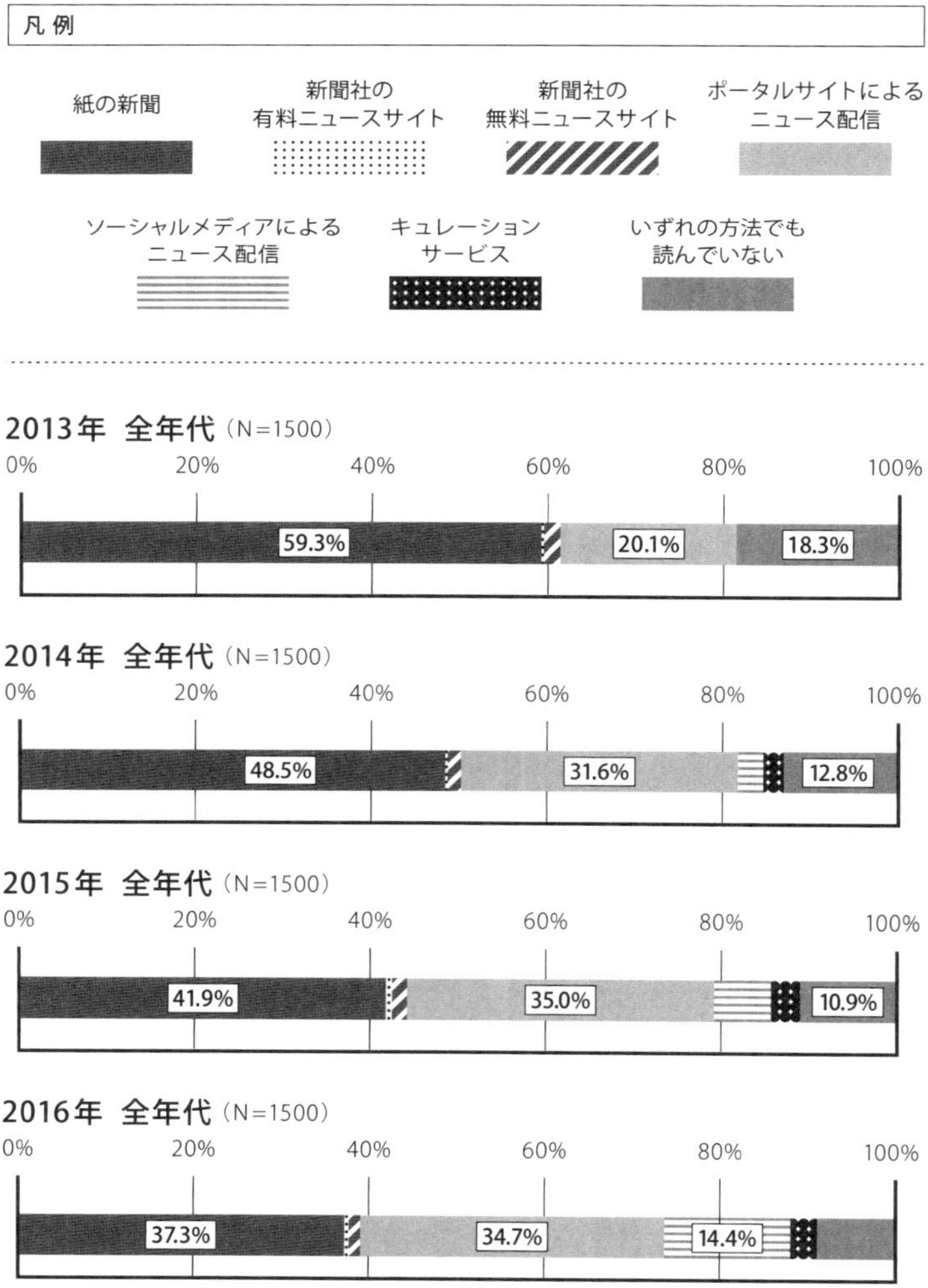
凡例
紙の新聞
新聞社の有料ニュースサイト
新聞社の無料ニュースサイト
ポータルサイトによるニュース配信
ソーシャルメディアによるニュース配信
キュレーションサービス
いずれの方法でも読んでいない
2013年 全年代（N=1500）
0% 20% 40% 60% 80% 100%
59.3%
20.1%
18.3%
2014年 全年代（N=1500）
0% 20% 40% 60% 80% 100%
48.5%
31.6%
12.8%
2015年 全年代（N=1500）
0% 20% 40% 60% 80% 100%
41.9%
35.0%
10.9%
2016年 全年代（N=1500）
0% 20% 40% 60% 80% 100%
37.3%
34.7%
14.4%

ち早く世の中のできごとや動きを知る」（Ａ）、「世の中のできごとや動きについて信頼できる情報を得る」（Ｂ）、「趣味・娯楽に関する情報を得る」（Ｃ）、「仕事や調べものに役立つ情報を得る」（Ｄ）という各目的に対して、ユーザーはどのようなメディアを利用しているでしょうか（図１－５）。

ＡとＢについては、ユーザーの半分以上がテレビと答えています。一方、ＣとＤではインターネットが強い。当然のことですが、ユーザーは目的に応じてメディアを使い分けています。

○情報流通構造®の変容

スマホやソーシャルメディアをはじめとする情報環境の変化を受けて、情報の流通構造も変わってきました。

以前であれば、企業にとって新聞やテレビを中心とするマスメディアに情報を発信することが、すなわち、世の中に情報を発信することでした。しかし、いまではソーシャルメディアやポータルサイト、まとめサイトなどの存在感が高まっています。また、企業のウェブサイトなど、オウンドメディアの役割も

図1-5 目的別利用メディア

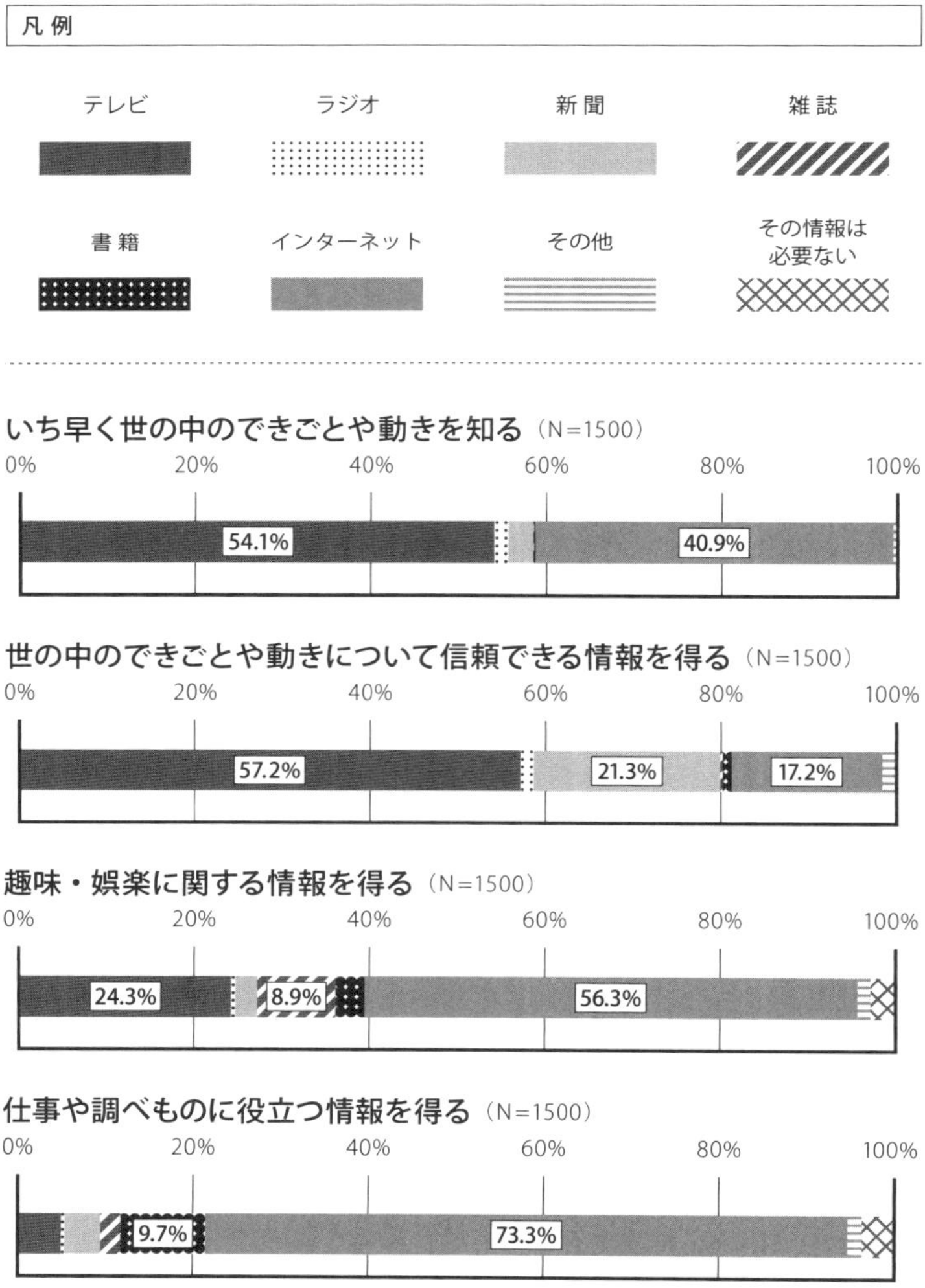

重要になりました。

このような情報流通の構造を示したのが図1－6です。情報の起点はファクト。これは普遍的で変わりませんが、その後の情報の流れは以前と比べて複雑化しました。ファクトをニュース系メディアが取材して記事化する場合もあれば、面白いと思った個人がソーシャルメディアにアップすることもあります。それが人々の共感や興味を呼び、拡散され世の中に広がっていきます。

ソーシャルメディアで増殖した話題をキャッチした新聞やテレビ局が、周辺取材を加えてニュースとして報じるといった事例は増えています。起点となるツイートの主に対して、新聞記者が「この写真を使わせてください」とアプローチするケースも少なくありません。ファクトを起点に様々なルートを通じてニュースが拡散し、生活者に届きます。また、リアルの世界では昔ながらの口コミパワーも無視できません。

企業視点でいえば、オウンドメディアは極めて大きな役割を担います。企業としてはそれぞれのメディアの動向を把握しつつ、必要に応じてタイミングよく適切な対応をとることが求められます。マスメディアを通じた発信も重要ですが、特にスピードや柔軟性が求められる場合には、オウンドメディアが力を

図1-6 情報流通構造® 基礎設計図

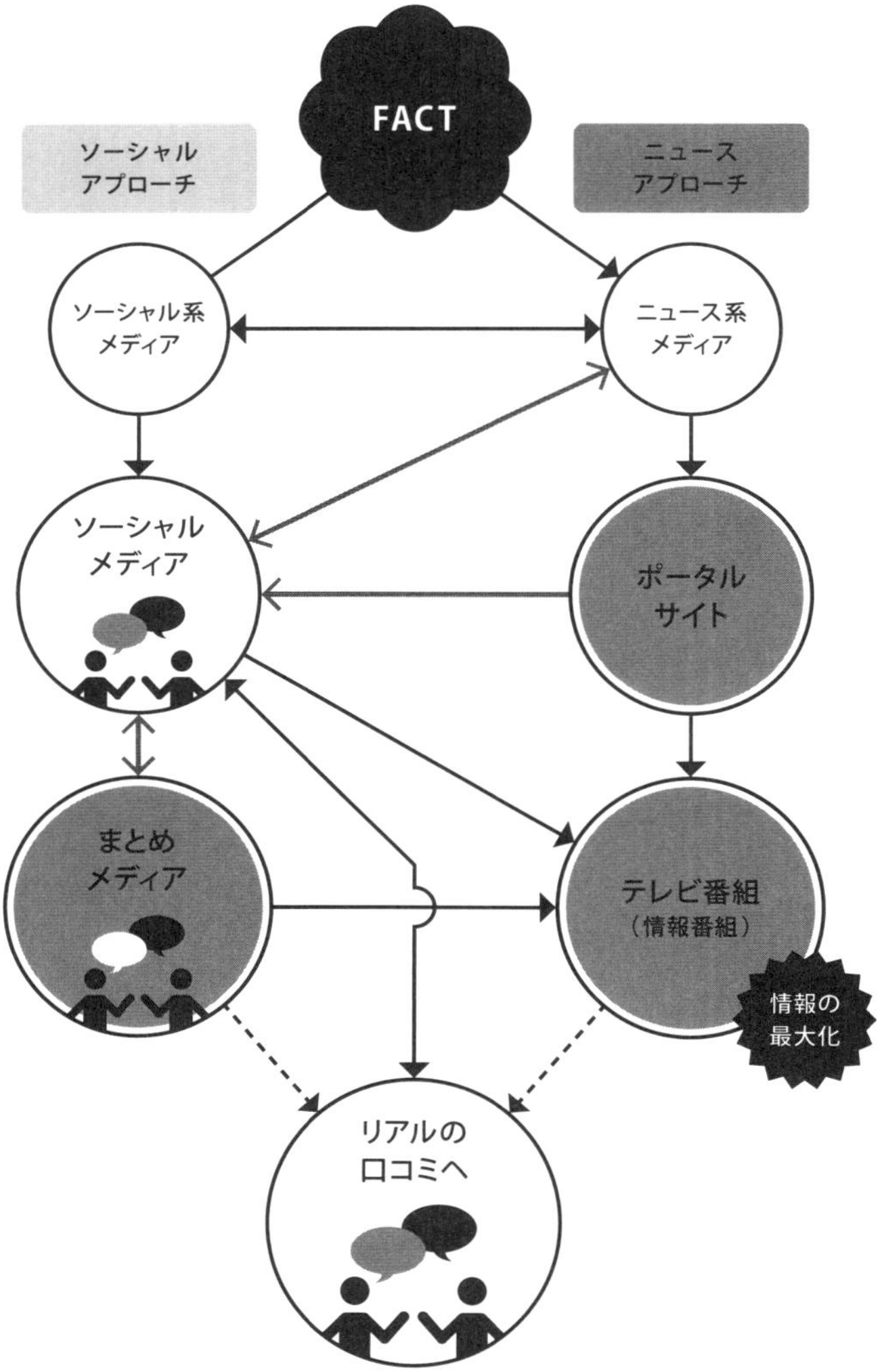

発揮するはずです。

例えば、ソーシャルメディアで自社の商品やサービスが話題になったとしましょう。事実に反する内容であれば、自社のウェブサイトやソーシャルメディアの公式アカウントなどを通じて正しい情報を発信しなければなりません。それがネガティブ情報であれば、なおさらのことでしょう。ここで何よりも重要なのは、スピード感のある対応です。レスポンスが遅れれば、誤った情報がより影響力のあるメディアに伝播していく可能性もあるからです。

逆に、誰かが自社の魅力をツイートしてくれた場合には、ソーシャルメディアの公式アカウントなどで周辺情報を提供するのもいいかもしれません。ただ、悪ノリと思われる可能性もあるので、発信の仕方には一種のセンスが求められます。いずれにしても、この情報流通構造®を理解した上で、適時・適切な情報発信が求められています。

○情報発信に際して、どうアプローチすべきか

情報流通構造®への理解は、自社の魅力を発信したいときにも役立ちます。

「どうアプローチすべきか」を考えやすすくなるからです。

あるメーカーA社の例を紹介しましょう。

A社は男性向けの新しい電気調理器具を発売しました。発表会にはタレントを呼び、派手なイベントを開催。いくつかのメディアが取材に訪れましたが、あまり大きな記事にはなりませんでした。また、A社が最も望んでいたテレビでの露出はゼロでした。

ここで、A社は作戦を変更します。料理好きの男性を集めて、小さなイベントを開くことにしました。その企画を知ったネットメディアが小さな記事を配信したところ、テレビ局のディレクターから取材したいとの連絡がありました。こうして、男性向けの料理イベントはテレビ番組で放送され、新発売の調理器具をアピールすることもできました。

新聞やテレビなど様々なメディアが求めているのは、新製品発表のような企業が発信したい情報とは限りません。取材記者やディレクターが欲しいのは、世の中にとって必要と思われる情報、読者や視聴者が欲しがるであろう情報です。例えば、世の中のトレンドを象徴していること、当たり前と思われていた常識を問い直す情報、あるいは単純に珍しい出来事など。企業が魅力を発信する際には、そうしたニュースの媒介者、あるいは最終消費者としての生活者の立場に立って考える必要があります。

繰り返しになりますが、A社の事例でも起点はあくまでもファクトです。新聞やテレビはファクトの流通経路に位置するプレイヤーであり、ファクトをつくりだすことはできません。ある情報番組のディレクターは「テレビはファクトの拡声器であり、トレンドをゼロからつくりだすものではない」と述べています。

男性向け料理イベントというファクトを打ち出したA社と同じように、すべての企業はすでに日々何らかの魅力につながるファクトを生み出しているはずです。ファクトの性質によって、アプローチの手順は違うでしょう。情報流通構造®を理解することで、企業は自社の魅力を高める適切な打ち手を講じることができるはずです。

ファクトを磨き、ターゲットを定め、情報流通の経路を設計することにより、企業の魅力をより確実に伝えることができるのです。詳しくは第6章で紹介しています。

1-3

ブランドとレピュテーション、魅力

STRATEGIC THINKING ON BRAND MANAGEMENT
Tactics to Enhance Attractiveness and Boost Corporate Value

○ブランドの5要素とレピュテーションの6要素

情報流通構造®の変化とともに、企業の魅力の伝わり方も変わりました。企業が魅力あるファクトを生み出し、その情報流通にポジティブな影響を与えることにより、ブランド力やレピュテーションを高めることができます。こうした考え方に基づき、企業広報戦略研究所は２０１６年から「企業魅力度調査」を行っています。２０１７年には第2回の調査を実施し、10業界の計１５０社の魅力度を定量的に計測・評価しました。今後とも定期的に調査を実施する予定です。

まず、魅力という概念について整理しておきましょう。魅力とは「人の心を惹きつけて夢中にさせる力」。企業の視点でいえば、生活者やステークホル

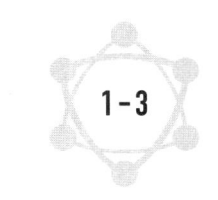

ダーをその企業に惹きつける力です。その力を生み出す源泉は、ファクトにほかなりません。そのファクトを分類・整理して生まれたのが「企業魅力度モデル」という当研究所独自のモデルです。

このモデルでは、ステークホルダーを企業に惹きつける魅力を「人的魅力」と「会社的魅力」、「商品的魅力」の３つに分類しています。詳細については第２章に譲りますが、人的魅力にはリーダーシップや誠実さ・信用など、会社的魅力には成長戦略や安定性、中長期的な収益性など、商品的魅力にはソリューション力やコストパフォーマンスなど、それぞれ６つの要素が含まれます。これらのファクトが、複雑な情報流通構造®を経て一人ひとりの生活者のもとに伝わっています。

ところで、ビジネスシーンではブランド力やブランドイメージ、レピュテーションという言葉がよく使われます。魅力度は、これらに隣接する概念ですので、それぞれとの関係についても説明しておきます。

一般に、ブランド・エクイティには５つの要素があるといわれます（＊１）。ブランドに対する高い信頼に基づく「ロイヤルティー」、具体的な品質やスペックなどの「知覚品質」、ブランドが人々に与える「連想イメージ」、「商

＊１：デイヴィッド・アーカー『ブランド・エクイティ戦略』

標や特許などの法制度」的な側面、そして「認知度」です。

これらの要素の中で、魅力度が主としてフォーカスしているのが知覚品質です。コーポレート・ブランドの観点で考えれば、知覚品質は企業の経営行動やビジネス活動の実態評価、すなわちファクトと言い換えることができるでしょう。

次に、コーポレート・レピュテーション、つまり企業の評判です。企業のPR活動において、レピュテーション・マネジメントは重要なテーマ。企業のレピュテーションは6つの要素で構成されるといわれます（＊2）。人々の感情に訴える「情緒的アピール」、企業の理念や業界内での存在感などを含む「ビジョン・リーダーシップ」、業績を示す「財務パフォーマンス」、従業員にとっての働きやすさなどの「職場環境」、社会に提供している「商品・サービス」、CSRやCSVといった視点での「社会的な責任」です。

レピュテーションには良い評判も悪い評判も含まれますが、魅力度が主としてフォーカスしているのは良い評判です。

＊2：チャールズ・J・フォンブラン『コーポレート・レピュテーション』

ブランドの新しい切り口としての魅力

ブランドとレピュテーション、それぞれのアプローチには違いがあります。ブランドがどちらかというと「どのように見せるか」という視点からスタートしているのに対して、レピュテーションは「どのように見られているか」を重視します。あえて単純化していえば、企業視点とステークホルダー視点という分け方ができるかもしれません。

ただし、最近はブランディングの考え方も、より生活者に近づきつつあるように見えます。それはマーケティング活動全体にいえることです。マーケティングのフレームワークとして「４Ｐ」という言葉があります。「製品（Product）」、「価格（Price）」、「流通（Place）」、「販促（Promotion）」という４Ｐのバランスをとりながら、マーケティング活動を最適化しようという考え方です。

しかし、モノがあふれる時代になると、４Ｐを提供側の発想と捉えて疑問視する見方が強まりました。多様な選択肢を持つ顧客に選んでもらうため、企業には別のアプローチが求められるようになったのです。それが「４Ｃ」。つまり、「顧客にとっての価値（Customer Value）」、「顧客にとってのコスト（Cost）」、

「顧客の利便性(Convenience)」、「顧客とのコミュニケーション(Communication)」です。多くのマーケティング関係者は「4Pから4Cへ」という発想の転換を迫られています(＊3)。

企業の魅力度を評価する企業魅力度モデルには、ブランドとレピュテーション両方の要素が含まれています。また、ブランド・エクイティにおける知覚品質を経営視点でクローズアップしていることから、魅力はブランドの新しい切り口ということもできるでしょう。

ブランドとレピュテーションに関しては、学問やビジネスの場で多くの知見が積み重ねられています。これらの知見を参考にしつつ、社会の潮流を見据えて企業魅力度モデルは構築されました。

◯ ブランド＝イメージ×ファクト

ファクトの重要性が高まるにつれて、ブランディングの考え方も変わりつつあります。

従来、ブランディングは主としてイメージ戦略と考えられていました。イ

＊3:フィリップ・コトラー『コトラーのマーケティング4・0』

メージ戦略で大きな役割を担うのが広告です。

もちろん、広告にはファクトを扱うものも多いのですが、一方で、テレビCMなどにはファンタジーの世界を描くものも少なくありません。これは、善し悪しの問題ではありません。完成度の高いファンタジーは人々に感動を与え、企業のイメージのみならず社会的な評価を高めることもあります。

一方、ソーシャルメディアの普及や情報流通構造の変化を背景に、ファクトの重要性はより高まりました。これにより、ファクトに基づくブランディングの有効性が高まっています。逆にいえば、ファクトを伴わないイメージだけに頼った広告手法は効果が薄い、場合によっては、逆効果でさえあります。イメージを訴求する広告メッセージと実態との乖離が大きければ、生活者の反感を招くことになるからです。

例えば、「明るくさわやかな接客」をアピールしている流通チェーンで、ある従業員が買物客に対して不親切な態度をとればどのように思われるでしょうか。接客は二の次、低価格で勝負している店なら問題にならない些細なことが、明るくさわやかを掲げている店では買物客の失望を招くでしょう。何人かのうちの1人は、不快な気持ちをソーシャルメディア上で吐露するかもしれません。

そんな声が拡散すれば、ブランドイメージの低下にもつながりかねません。

ブランドの評価を高めるためには、イメージとファクトの両方が必要です。シンプルな式にすると、「ブランド＝イメージ×ファクト」。そして、ファクトこそが企業の魅力の源泉であると私たちは考えています。巧みなイメージ戦略を広告展開している企業であっても、そのイメージを支えるファクトが不確実であれば効果はありません。

特に注意したいのは、スティグマ化した評判です。スティグマとは烙印のこと。何らかの負のファクトがあり、それによってマイナスのレッテルを貼られると簡単には拭えない事態に陥ります。

問題の性質にもよりますが、企業がその原因を究明し反省し、熱心な事後対策に取り組んだとしても、生活者がその努力を認めてくれるまでには相当の時間がかかります。長期にわたってスティグマが固定されると、企業のブランドやレピュテーション、魅力は深刻なダメージを受けます。こうしたリスクを最小化するためには、普段からポジティブなファクトを地道に積み重ねるほかありません。

○生活者が魅力を感じるコンテンツとは？

企業活動の中で生み出されるファクトには多種多様なものがあります。本業によるステークホルダーへの価値提供、地域社会や環境に関わるＣＳＲ活動もあるでしょう。様々なファクトに基づく魅力を、どのようにして生活者に届けるべきでしょうか。

ソーシャルメディアの普及を念頭に置き、企業魅力度調査では人に伝えたい情報の性質について聞いていています（図１－７）。複数回答の結果と「最も人に伝えたくなるもの」への回答結果を、同じ図中に表示しています。

複数回答のグラフでは上位から「感動」、「胸熱」、「信じられない」、「爆笑」といった項目が並んでいます。単一回答の順位もほぼ同じですが、感動と胸熱の順位が入れ替わります。ソーシャルメディアを重視する情報発信においては、これらの上位の項目に留意する必要があるでしょう。なお、この点についても第６章で詳述します。

次に、企業がコントロールできるオウンドメディアについて、魅力的なコンテンツを発信するための方法を考えます。

図1-7 人に伝えたい情報の性質

あなたは、どのようなものであれば、企業に関する情報を（ソーシャルメディアへの投稿を含めて）誰かに話したり、伝えたいと思いますか。また、そのうち最も人に伝えたくなる項目を1つお選びください。（N＝10,000、MA／SA）

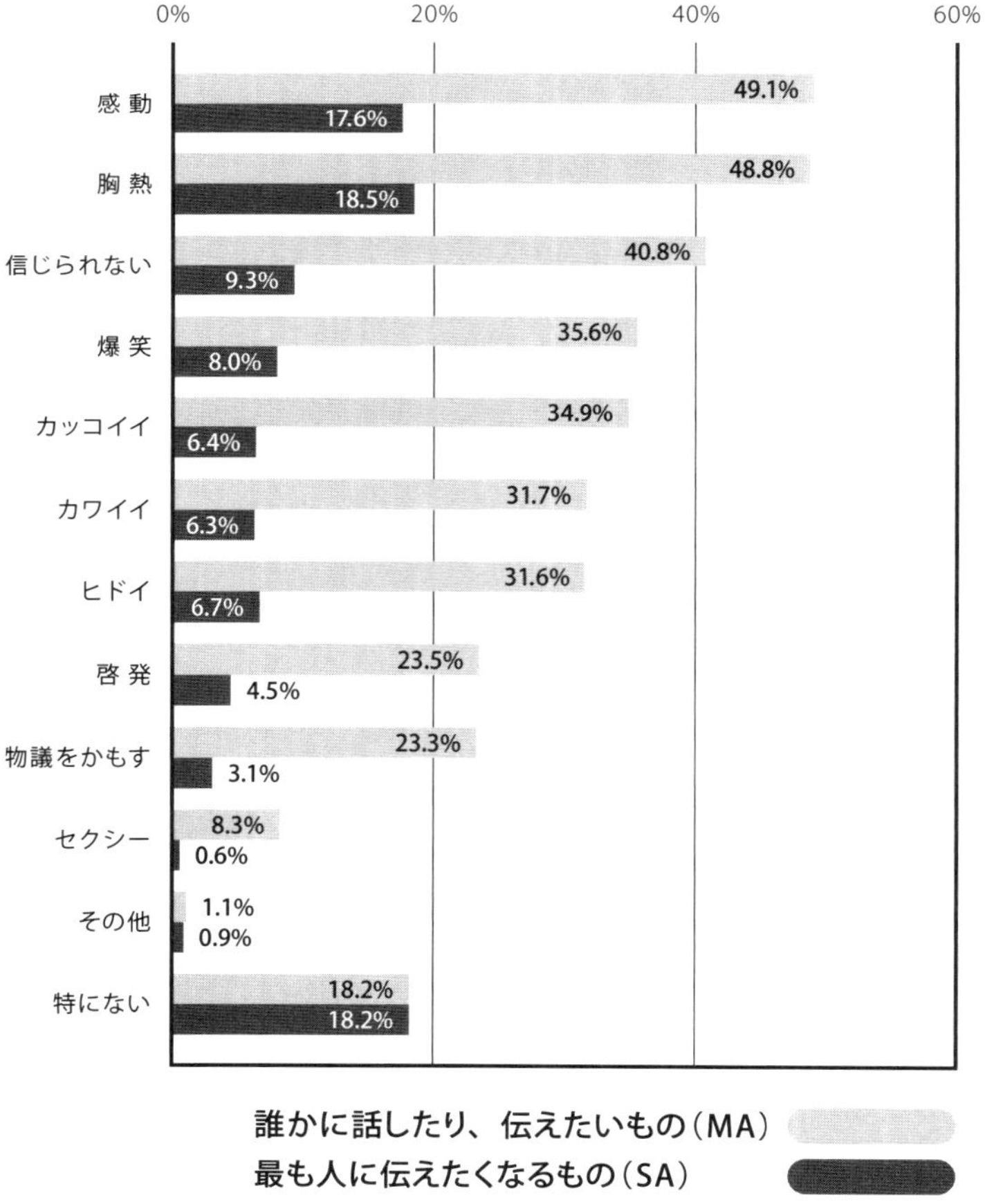

MA回答の多い順に並べ替え

企業魅力度調査では、「企業のウェブサイトに訪れた際に、詳しくサイトを見てみたいと思わせる要素は？」との質問を生活者に対して投げかけています（図1－8）。回答の上位に入ったのは「開発秘話・背景などストーリー性があるコンテンツ」、「調査データなどの客観的な情報」、「製品サービスそのものではなく、体験や利用シーン」、「開発責任者・開発スタッフが数多く登場」といったものです。

一方、企業に対しては、「ウェブサイトのコンテンツにおける工夫」について尋ねました（図1－9）。回答の上位から順に「動画コンテンツ」、「開発秘話・背景などストーリー性のあるもの」、「経営トップの姿をなるべく多く」、「インタビュー・対談形式のコンテンツ」、「製品サービスそのものではなく、体験や利用シーンを訴求」などが並びます。

問題は、企業が工夫していることと生活者が求めていることの間に、かなりのギャップが存在することです。図1－10に、両者のギャップの大きさを示しました。

生活者の高いニーズに企業の工夫が追い付いていない項目は上に表示されており、そこには「調査データなどの客観的な情報」、「開発秘話やストーリー

図1-8 オウンドメディアコンテンツの魅力的な要素

◯ 企業のウェブサイトに訪れた際に、詳しくサイトを見てみたいと思わせる要素は？（MA）

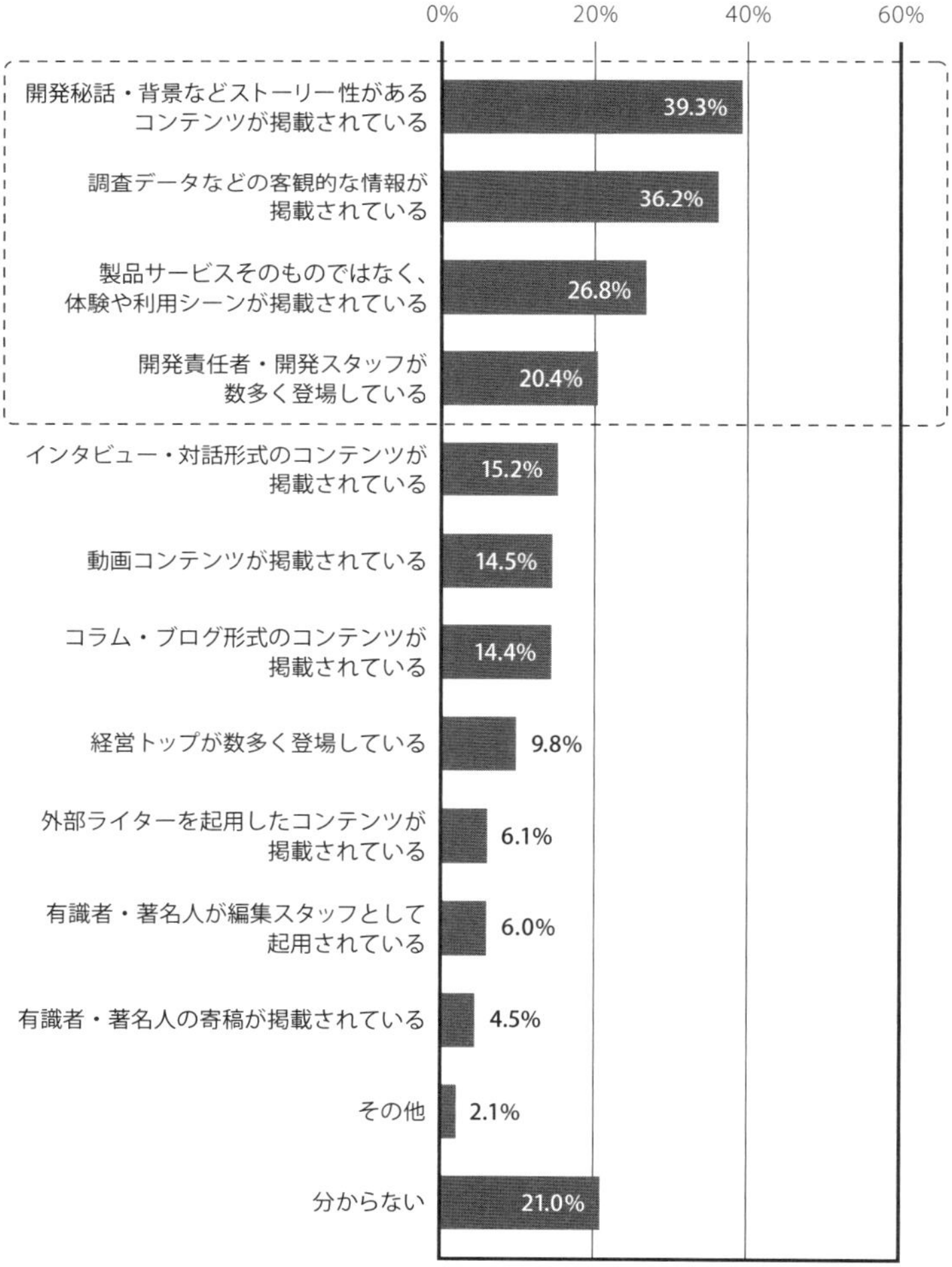

（N=10,000、MA）

図1-9 オウンドメディアコンテンツに対する工夫

企業調査 ウェブサイトのコンテンツにおける工夫（技術的なものを除く）（MA）

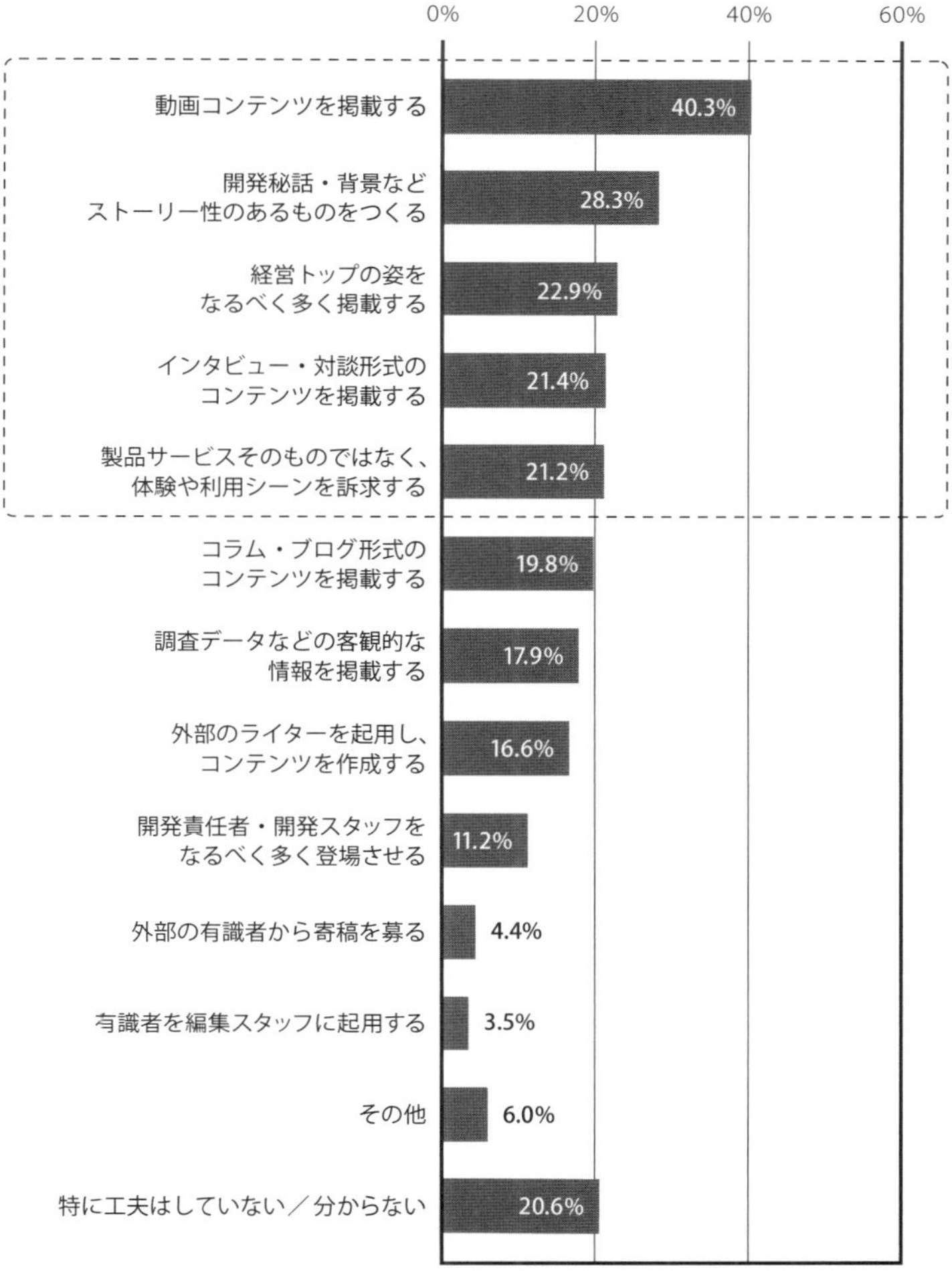

（ウェブサイトを運営する企業 N=519、MA）

図1-10 企業側の工夫と生活者側の魅力要素の比較

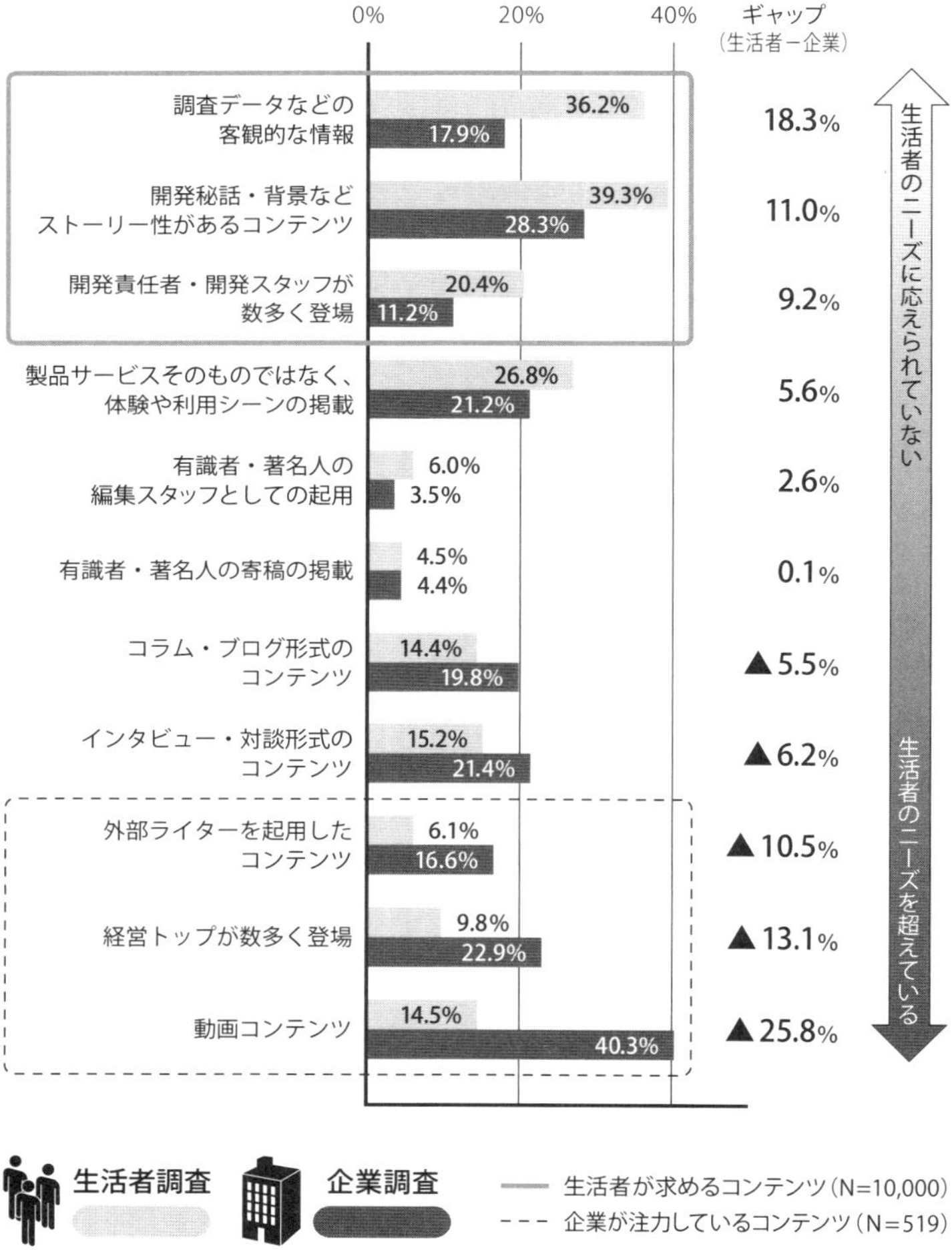

生活者は、動画という手段・手法ではなく、客観的なデータやリアルなストーリー・行動というFACTを求めている。

性があるコンテンツ」、「開発責任者・開発スタッフが数多く登場」などがあります。逆に企業は工夫していても、生活者がそれほど求めていない項目は下に表示されています。「動画コンテンツ」や「経営トップが数多く登場」、「外部ライターを起用したコンテンツ」などは、生活者にとってはそれほど人気がありません。企業が魅力を訴求する際のリソース配分には、工夫の余地がありそうです。

ところで、企業広報戦略研究所では企業魅力度調査とは別に、企業広報力調査を行っています。両方の調査を組み合わせて分析したところ、広報力の高い企業ほどこのギャップが小さい傾向があることが分かりました。広報力に強みを持つ企業は、生活者のニーズが高いコンテンツを提供しています。広報力の強化は、魅力度の向上にもつながります。

また、オウンドメディアを含む様々なメディアと魅力度を構成する各要素との親和性も、企業魅力度調査で把握することができました。

例えば、人的魅力を発信する際には、オウンドメディア（企業のウェブサイトやソーシャルメディアの公式アカウント）が適しています。ただ、人的魅力の中でもリーダーシップや職人のこだわりを伝えたい場合には、ウェブ上の広告が有効と分かりました。

会社的魅力を伝えやすいのは、オウンドメディアとウェブ上のニュースです。また、商品的魅力については、インターネット広告が最も親和性が高く、次いでソーシャルメディアの公式アカウントという調査結果を得ることができました。

企業の魅力を伝える際には、その目的や対象となる要素を明確にする必要があります。それが人的魅力だとすると、具体的にはリーダーシップなのか、それとも職人のこだわりなのか。人的、会社的、商品的な魅力の中のどの要素を打ち出すかによって、選択すべきメディアは異なります。この視点を常に持つことにより、魅力を伝えるという取り組みの有効性を高めることができるはずです。

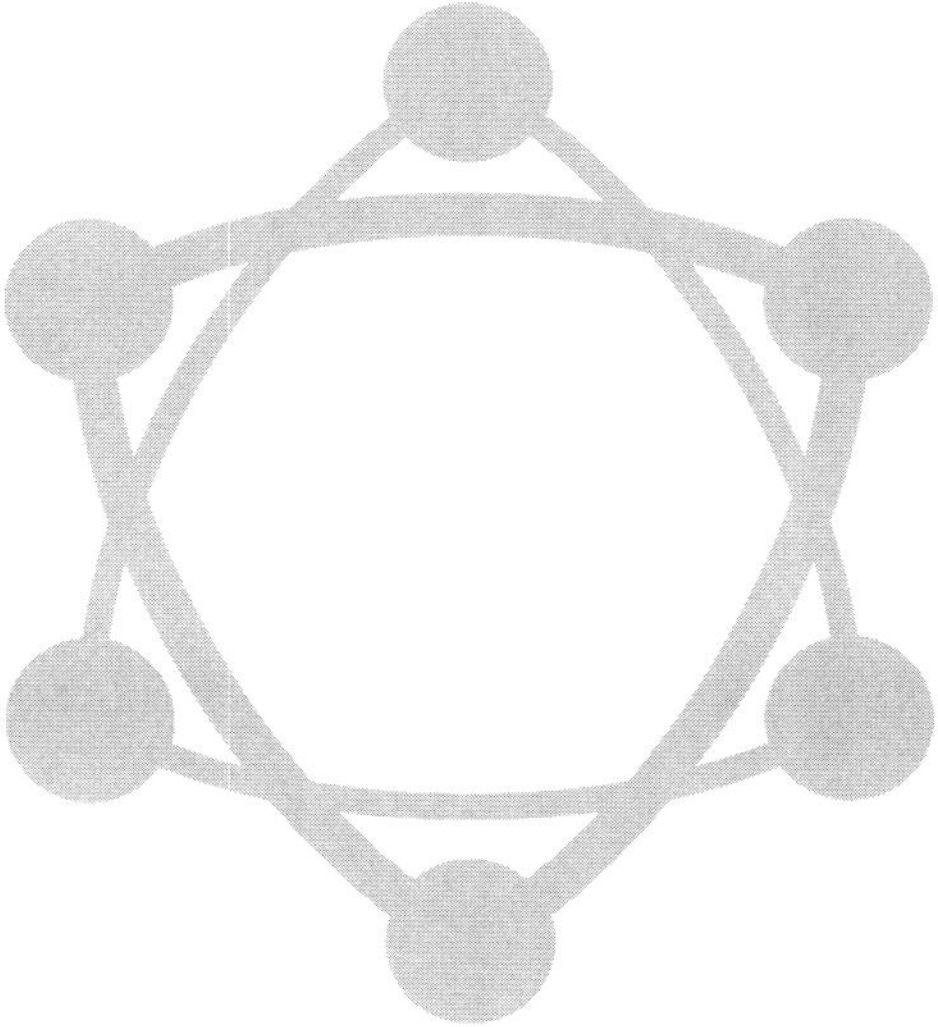

— CHAPTER 2 —

企業魅力度を構成する3要素と6領域

STRATEGIC THINKING ON
BRAND MANAGEMENT
Tactics to Enhance Attractiveness and Boost Corporate Value

2-1

企業の魅力を構成する3要素とは

ここでは、**企業の魅力を構成する３つの要素「人的魅力」「会社的魅力」「商品的魅力」**について解説していきます。

これらの３つの要素は、**「企業魅力度モデル（Attractiveness Marketing Model）」**の分析軸となっており、３つの要素はそれぞれ、６つの領域から構成されています（図２－１）。

企業魅力度モデルは、**生活者が、企業のどのような活動や実態（ファクト）に魅力を感じ、その魅力がどのように伝わっているかを明らかにする分析モデル**です。

私たちはこの独自の分析モデルを用いて、２０１６年に「第１回企業魅力度調査」（＊１）、２０１７年に「第２回企業魅力度調査」（＊２）を実施しました。調査の内容や結果については、２－２で詳しく述べます。

＊1：**２０１６年「第1回企業魅力度調査」概要**
調査対象：全国の20～69歳の男女それぞれ、各業界ごとに１０００人ずつ計1万人／調査方法：インターネット／調査期間：２０１６年３月24日～３月29日／企業・ブランド選定基準：10業界において２０１５年度時点の売上高上位5社に、当研究所による選出企業10社を加え、業種ごとに15社ずつ計１５０社を選定

＊2：**２０１７年「第2回企業魅力度調査」概要**
調査対象：全国の20～69歳の男女それぞれ、各業界ごとに１０００人ずつ計1万人／調査方法：インターネット／調査期間：２０１７年３月24日～３月29日／調査対象企業：10業界（不動産・建設、サービス・その他、情報・通信、鉄道・航空・運輸、医薬品・生活用品、エネルギー、金融、電気機器、自動車、食品）・１５０社（第1回調査と同じ）

図2-1 「企業魅力度モデル」

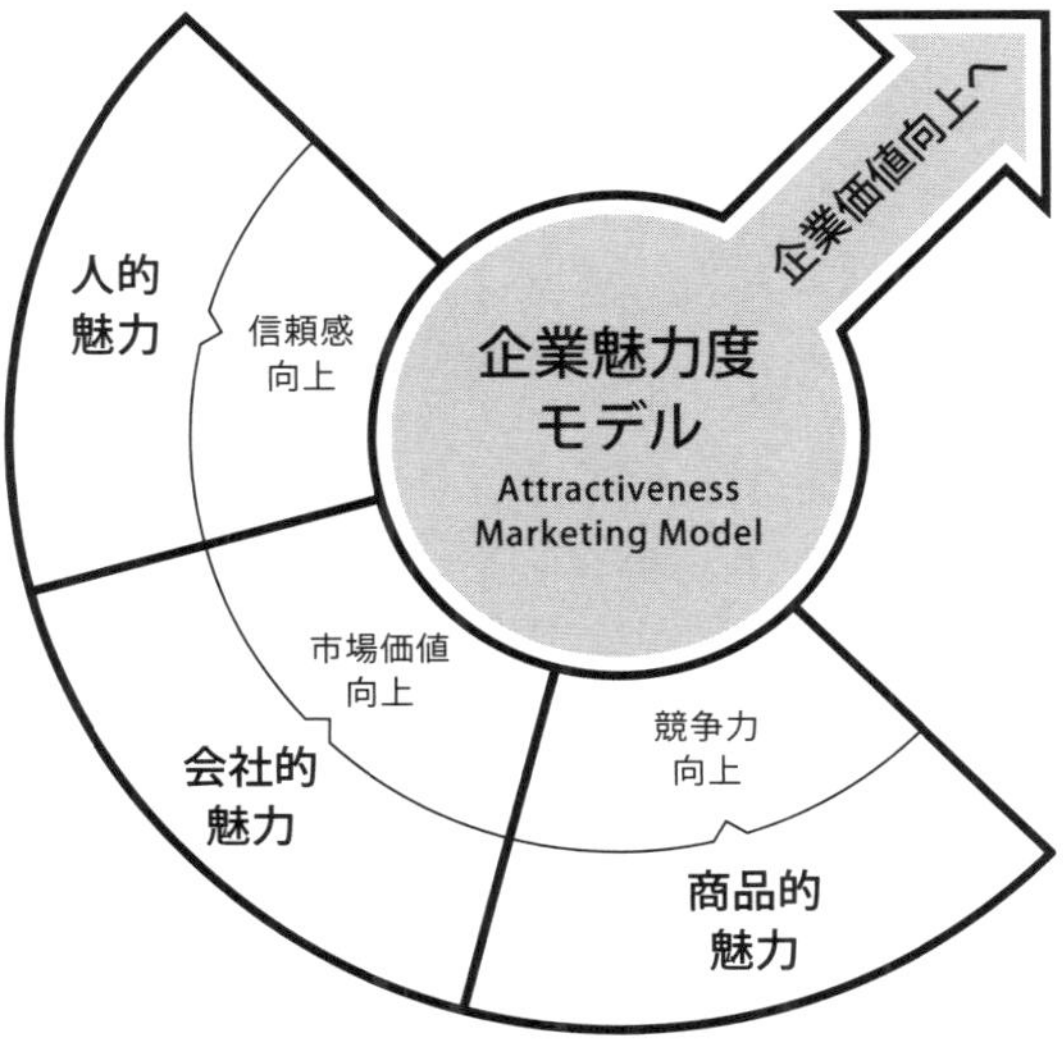

○信頼感を向上する「人的魅力」

人的魅力は、信頼感を向上するために欠かせない要素です。リーダーシップや職場風土、ソーシャルイシュー対応力など、**「企業を構成する『個人』や事業活動を通じて周囲に感じさせる『法人』としての魅力」**と定義しています。

また、人的魅力は、次の6つの領域で構成されます。

1 リーダーシップ（経営者の魅力、成長戦略提示、業界牽引力）
2 誠実さ・信用
3 職人のこだわり（品質、イノベーション）
4 職場風土（人事制度・社風・職場環境）
5 ソーシャルイシュー対応力（CSR・環境・CSVなど）
6 アイデンティティ（法人としてのビジョン・理念・文化）

◯市場価値を向上する「会社的魅力」

会社的魅力は、成長戦略、安定性・(中・長期的な)収益性、リスク&ガバナンス対応など、**「優れた経営システムや財務パフォーマンスと、それらを支える仕組みや取り組みに関する魅力」**と定義しており、次の6つの領域で構成されています。

1 成長戦略
2 安定性・(中・長期的な)収益性
3 リスク&ガバナンス対応
4 投資&財務戦略
5 市場対話・適時開示力(決算情報・重要事項)
6 社会共生(文化・地域)

○競争力を向上する「商品的魅力」

商品的魅力の定義は、コストパフォーマンス、安全性・アフターサービス力・クレーム対応、独創性・革新性など、**「商品・サービスを通じて伝わる魅力」**です。商品的魅力は次の６つの領域から構成されています。

1　ソリューション力（課題解決《例》○○に効く。○○倍の効果。など）
2　コストパフォーマンス
3　リコメンド・時流性（売れている感、話題 など）
4　共感（世界観、コミュニティ など）
5　安全性・アフターサービス力、クレーム対応
6　独創性・革新性

2-2 「企業魅力度モデル」による独自調査

STRATEGIC THINKING ON BRAND MANAGEMENT
Tactics to Enhance Attractiveness and Boost Corporate Value

企業の魅力を構成する3要素と6領域を踏まえて、企業魅力度モデルを用いた企業魅力度調査の具体的な内容を見ていきましょう。

企業魅力度モデルは、2－1でご紹介した通り、生活者が、企業のどのような活動や実態（ファクト）に魅力を感じ、その魅力がどのように伝わっているかを明らかにすることを目的に、私たち企業広報戦略研究所が独自に開発した分析モデルです。開発に当たっては、SDGs（持続可能な開発目標）やガバナンスコード、CSV、ESGといった国内外のさまざまな企業行動やブランド、レピュテーション評価軸などを検証。さらに、当研究所の知見も加味しました。

企業魅力度調査は、**全国の20～69歳の男女計1万人の生活者を対象に実施。10業界（不動産・建設、サービス・その他、情報・通信、鉄道・航空・運輸、医薬品・生活用品、エネルギー、金融、電気機器、自動車、食品）・150社**

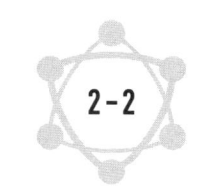

について、各業界ごとに1000人ずつ、魅力を感じる企業のほか、その企業に魅力を感じた要素や情報源などを聞いています。

企業に感じる魅力要素については、**「人的魅力」「会社的魅力」「商品的魅力」の3要素に分類し、各12項目・計36項目の設問から分析**しています（図2－2）。なお、3要素の各12項目は、2－1でご紹介した各6領域に配分されています。

○生活者は「人的魅力」を注視

ここからは、2017年の「第2回企業魅力度調査」の結果を中心に、2016年の第1回調査との経年変化も交えて解説していきます。

まず、生活者が感じる企業の「魅力項目ランキング」から見ていきましょう（図2－3）。魅力項目をランキングすると、第1回、第2回とも、上位5つのうち3つが「人的魅力」の項目となっています。1位は2年連続で**「ビジョンを掲げ、業界を牽引している」**（第1回は50・5％、第2回は51・6％）でした。

図2-2 企業の魅力 3要素×12項目

要素1 人的魅力

1. 信頼できるリーダー・経営者がいる
2. チャレンジスピリットにあふれたリーダー・経営者がいる
3. ビジョンを掲げ、業界を牽引している
4. イノベーションにこだわる経営をしている
5. こだわりをもった社員が品質向上にチャレンジしている
6. 実力主義な職場風土である
7. 自由な議論ができる風通しの良い社風である
8. 社員がやりがいを持って活き活きと仕事をしている
9. 環境にやさしい経営をしている
10. 社会の発展や、社会課題の解決に貢献している
11. 良い企業理念・ビジョンに基づいた経営をしている
12. まじめで、信頼できる社員がいる

要素2 会社的魅力

13. 優れた成長戦略がある

14. 経営方針を分かりやすく説明している

15. 安定的な収益基盤がある

16. 長期的な成長が見込める

17. リスクへの備えがしっかりしている

18. 健全で開かれた経営をしている

19. 起業家・ベンチャー企業に積極的な支援をしている

20. M&Aなど、積極的な投資で事業拡大をしている

21. 問題があっても迅速に公表する姿勢がある

22. 投資家などとのコミュニケーションを大事にしている

23. 文化・スポーツの発展に貢献している

24. 地域に密着し発展に貢献している

図2-2 企業の魅力 3要素×12項目

要素3 商品的魅力

25. 優れた機能・効果を持つ商品・サービスを提供している

26. 商品・サービスを安価に提供している

27. 付加価値の高い商品・サービスを提供している

28. メディアや口コミで話題の商品・サービスを提供している

29. 多くの人の購入している商品・サービスを提供している

30. ネット上で評価の高い商品・サービスを提供している

31. コアなファンが多い商品・サービスを提供している

32. 開発ストーリーに共感できる商品・サービスを提供している

33. アフターサービスや問い合わせ対応がしっかりしている

34. 品質に信頼がおける商品・サービスを提供している

35. 革新的・先進的な商品・サービスを提供している

36. オリジナリティ・独創性がある商品・サービスを提供している

図2-3 魅力項目ランキング

2017年調査結果 (n=10,000)

(%)

1位	ビジョンを掲げ、業界を牽引している	51.6
2位	安定的な収益基盤がある	46.4
3位	信頼できるリーダー・経営者がいる	42.9
4位	チャレンジスピリットにあふれたリーダー・経営者がいる	39.0
5位	優れた機能・効果を持つ商品・サービスを提供している	38.6

2016年調査結果 (n=10,000)

(%)

1位	ビジョンを掲げ、業界を牽引している	50.5
2位	安定的な収益基盤がある	46.6
3位	信頼できるリーダー・経営者がいる	40.8
4位	優れた機能・効果を持つ商品・サービスを提供している	39.7
5位	チャレンジスピリットにあふれたリーダー・経営者がいる	39.2

人的魅力　会社的魅力　商品的魅力

全業界の魅力項目のポイント数の変化を見ても、「人的魅力」を注視する傾向が見てとれます（図2－4）。全魅力項目のポイント数の合計は前年比3・5％増だったのに対し、人的魅力は6・0％増。会社的魅力は2・9％増、商品的魅力は1・4％増でした。

第2回調査で、第1回調査の順位から20位以上魅力ランキングを上げた企業18社でも、人的魅力の伸び率が最も高い結果となっています（図2－5）。人的魅力の伸長率は前年比47・1％増、会社的魅力は42・6％増、商品的魅力は35・3％増でした。一方でこの18社ではいずれも、商品的魅力が強く注視されていることも特徴です。

なお、生活者1万人のうち、投資経験のある人とない人が感じている魅力の項目を比較してみると以下の特徴が見てとれます（図2－6）。投資経験者と未経験者との間で差が大きかった項目に注目してみると、最も差が大きかったのは**「イノベーションにこだわる経営をしている」**で、投資経験者は37・2％、未経験者は27・5％で9・7％の開きがありました。

2位に**「社会の発展や、社会課題の解決に貢献している」**で、投資経験者は40・7％、未経験者は32・4％で8・3％差。3位は**「良い企業理念・ビジョ**

図2-4 全業界の魅力ポイント数の総量経年変化

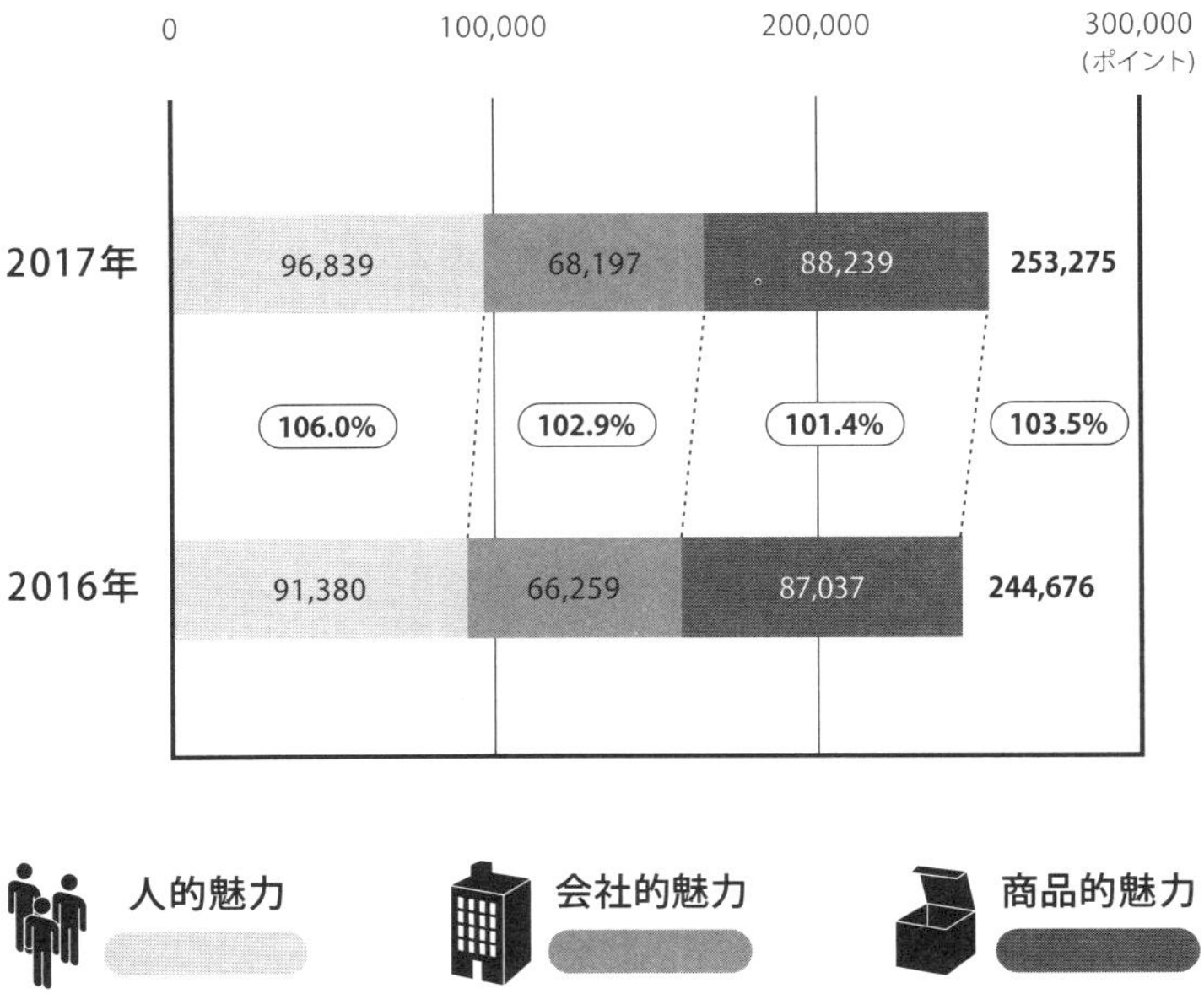

図2-5 ランキングを上げた企業の経年変化

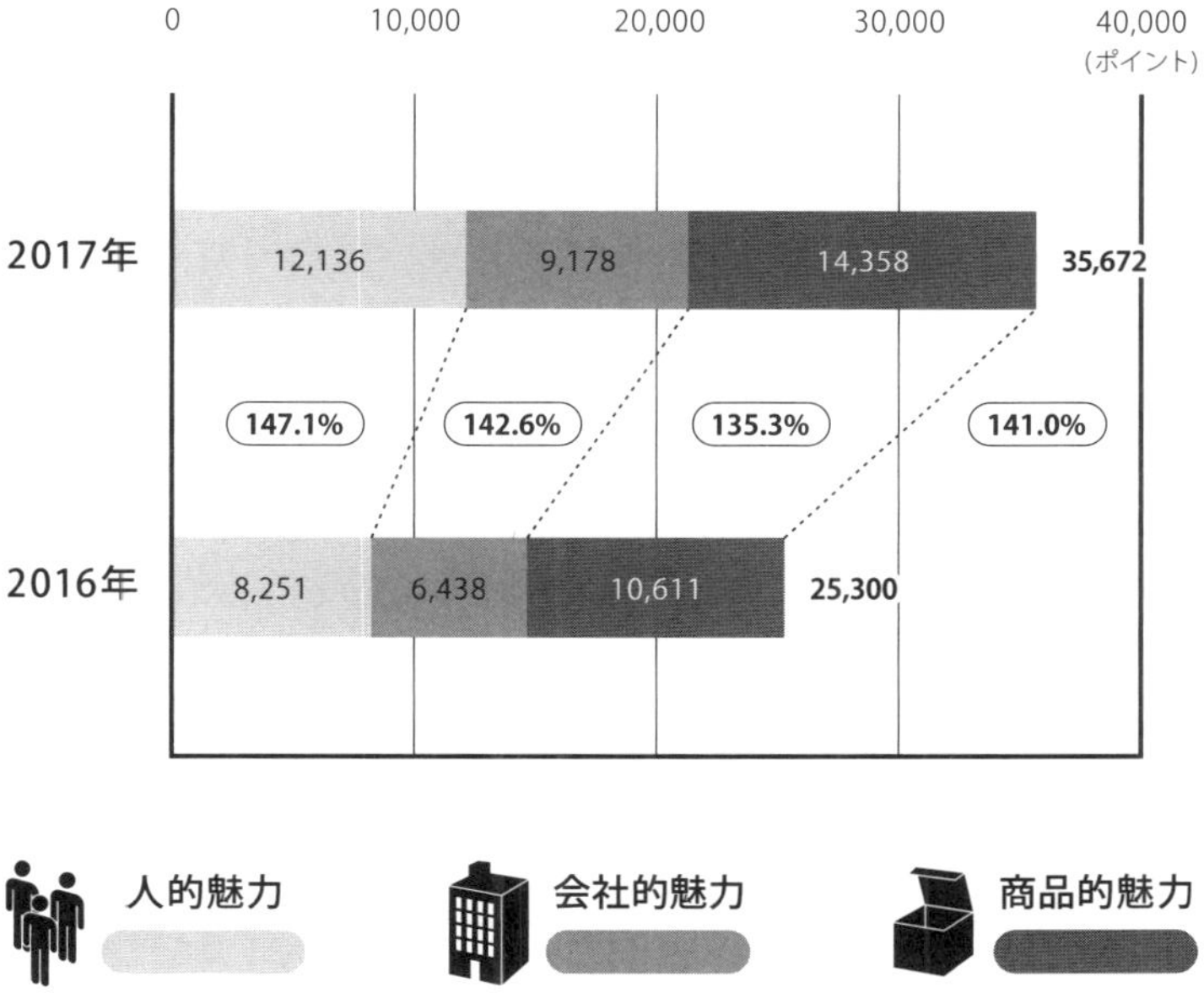

図2-6 投資経験で差が大きかった魅力項目

順位			投資家	非投資家
1位	人的魅力	イノベーションにこだわる経営をしている	37.2%	27.5%
2位	人的魅力	社会の発展や、社会課題の解決に貢献している	40.7%	32.4%
3位	人的魅力	良い企業理念・ビジョンに基づいた経営をしている	38.8%	30.7%
4位	会社的魅力	優れた成長戦略がある	35.3%	27.5%
5位	会社的魅力	安定的な収益基盤がある	50.5%	42.8%
5位	人的魅力	信頼できるリーダー・経営者がいる	47.1%	39.4%
5位	人的魅力	チャレンジスピリットにあふれたリーダー・経営者がいる	43.2%	35.4%

ンに基づいた経営をしている」で、投資経験者は38・8%・未経験者は30・7%で8・1%差となっています。

以上のように、投資経験者が企業の魅力を判断する際は、「イノベーション」や「社会課題」「企業理念・ビジョン」を注視していることが明らかになりました。

○業界別1位は「食品」、躍進のカギは「商品的魅力」

次に、回答者1万人が「魅力を感じる」とした項目数（ポイント）を業界別に積算した「企業魅力度業界別ランキング」は、図2-7のようになっています。第2回調査では、3万4223ポイントを獲得した食品業界が1位となり、第1回調査の6位から大きく順位を上げました。ポイント数も2万5105ポイントから36・3%増と大幅に伸びています。2016年の1位だった電気機器業界のポイント数3万2760ポイントと比べても、1463ポイント高い結果となりました。

食品業界が躍進した主な要因は、商品的魅力の伸びでした。

図2-7 企業魅力度業界別ランキング

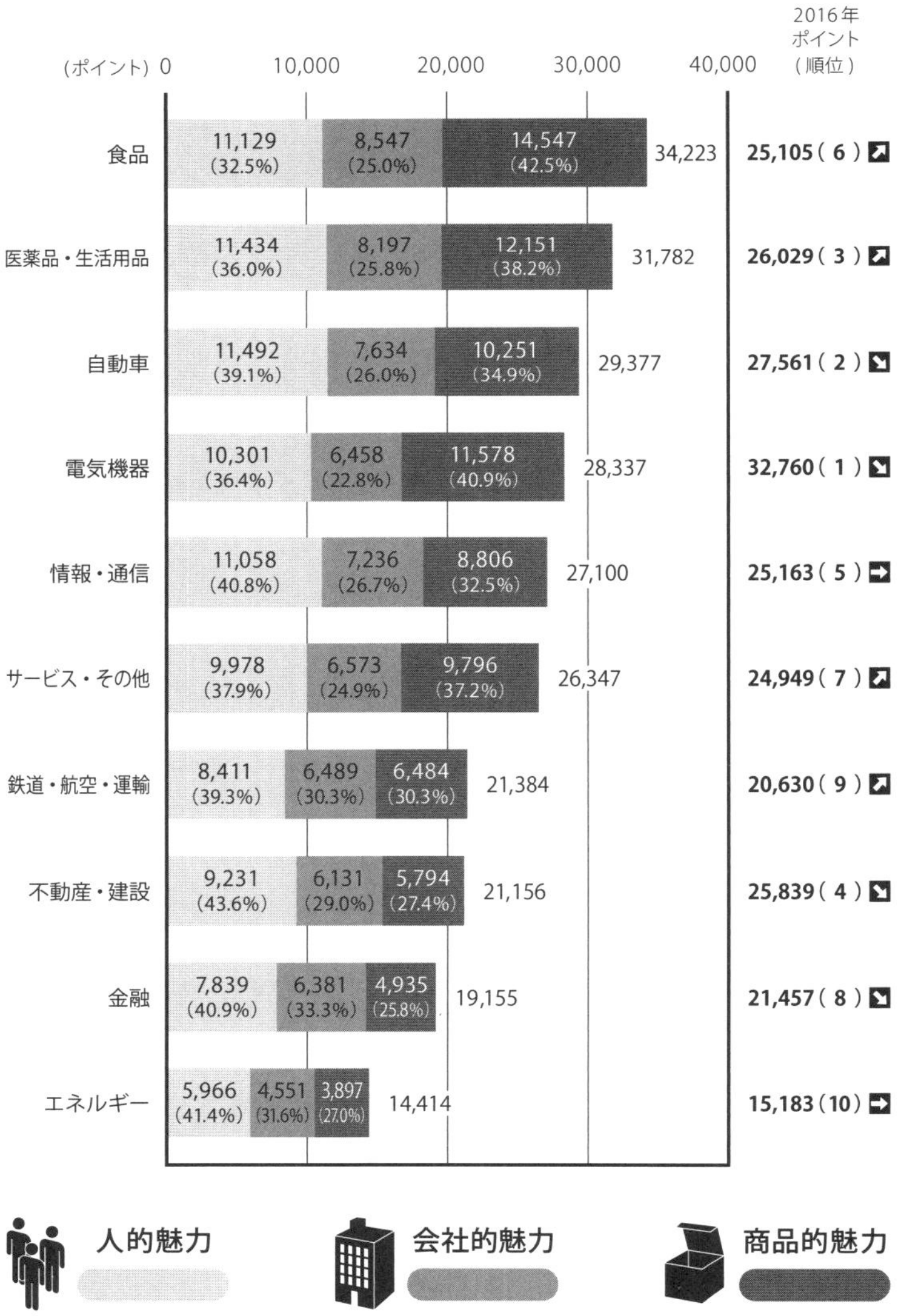
(ポイント) 0 10,000 20,000 30,000 40,000
2016年
ポイント
(順位)
食品 11,129 (32.5%) 8,547 (25.0%) 14,547 (42.5%) 34,223 25,105 (6)
医薬品・生活用品 11,434 (36.0%) 8,197 (25.8%) 12,151 (38.2%) 31,782 26,029 (3)
自動車 11,492 (39.1%) 7,634 (26.0%) 10,251 (34.9%) 29,377 27,561 (2)
電気機器 10,301 (36.4%) 6,458 (22.8%) 11,578 (40.9%) 28,337 32,760 (1)
情報・通信 11,058 (40.8%) 7,236 (26.7%) 8,806 (32.5%) 27,100 25,163 (5)
サービス・その他 9,978 (37.9%) 6,573 (24.9%) 9,796 (37.2%) 26,347 24,949 (7)
鉄道・航空・運輸 8,411 (39.3%) 6,489 (30.3%) 6,484 (30.3%) 21,384 20,630 (9)
不動産・建設 9,231 (43.6%) 6,131 (29.0%) 5,794 (27.4%) 21,156 25,839 (4)
金融 7,839 (40.9%) 6,381 (33.3%) 4,935 (25.8%) 19,155 21,457 (8)
エネルギー 5,966 (41.4%) 4,551 (31.6%) 3,897 (27.0%) 14,414 15,183 (10)
人的魅力
会社的魅力
商品的魅力

ポイント数の伸びを大きく牽引した項目の1つが**「アフターサービスや問い合わせ対応がしっかりしている」**で、第1回調査の314ポイントから、第2回調査は559ポイントと245ポイント高くなり、前年比78・0%増でした。また、**「革新的・先進的な商品・サービスを提供している」**も、第1回調査の404ポイントから、第2回調査は678ポイントと274ポイント高くなり、前年比67・8%増となっています。

「アフターサービスや問い合わせ対応がしっかりしている」についてはまず、問題発生時の企業の対応が、生活者の評価を左右すると考えられます。第1回調査のときには、2015年から2016年にかけて、大手食品チェーンによる食材不正、異物混入、廃棄冷凍食品の転売といった問題が取り沙汰されていたことが、業界別ランキング6位という結果にも影響を及ぼしたと考えられます。これらの不祥事や問題を契機に、各社が真摯に企業行動の改善に取り組んできたことが、第2回調査の1位という結果につながったといえるでしょう。例えば、問題発覚後にすぐさま自主回収を決定したり、組織の一部で発生した問題を全社的問題として捉えて対応を発表したりといった企業の行動が、報道などでも多く見受けられました。実際、第2回調査の自由回答を見ても、「商品に違和感があったとき、丁寧に対応してもらえた」（女性30代）などのコメントが寄せられています。

もう１つの**「革新的・先進的な商品・サービスを提供している」**に関しては、魅力を感じたきっかけを聞いた自由回答からも、各企業が最新のトレンドやニーズに対応した商品の開発や取り組みを行っていることが、生活者に評価されていることが分かります。例えば、「これまでになかった商品を開発し、常に先を行っている感じがあるから」（男性60代）、「とにかく、新しい商品が斬新だったり、楽しかったり、うれしかったりするから。消費者が喜ぶために努力してくれていると感じる」（男性30代）、「健康に配慮した製品であるとともに、おいしさも感じられる」（女性20代）といったコメントが見られました。こうした評価は、２０１５年４月に科学的根拠に基づいた機能性の表示ができる「機能性表示食品」制度が導入されて以降、機能性表示食品や特定保健用食品（トクホ）などの開発や販売が増えたことが、影響を与えていると考えられます。

一方、第1回調査で1位となり、第2回調査では4位へと順位を下げた電気機器業界は、３つの魅力要素すべてでポイントを落としています。特に、会社的魅力の成長戦略や投資・財務戦略に関わる項目で20%以上のポイント減となっており、これが業界全体の魅力度を大きく下げた要因の1つといえるでしょう。

○企業活動の課題は「リスク&ガバナンス対応」が第1位

これまでは、生活者が企業に感じている魅力やそれらの経年変化について見てきましたが、ここでは第2回調査で新たに分析した、**「生活者の期待に応えきれていない企業活動」**に着目してみましょう。

そのためにまず、生活者が魅力的だと回答した企業に対して、今後さらに期待したい魅力について聞き（図2−8）、その上で、生活者が**「今後、期待する魅力」**から、**「現在、既に感じている魅力」**を差し引いたギャップを算出。魅力的な企業が「今、生活者の期待に応えきれていない活動」を3要素6領域で明らかにしました（図2−9）。

生活者が今後さらに期待している企業活動は、1位が**「優れた機能・効果を持つ商品・サービスの提供」**といった**「ソリューション力」**、2位は**「経営者**

図2-8 企業に今後、期待する項目ランキング

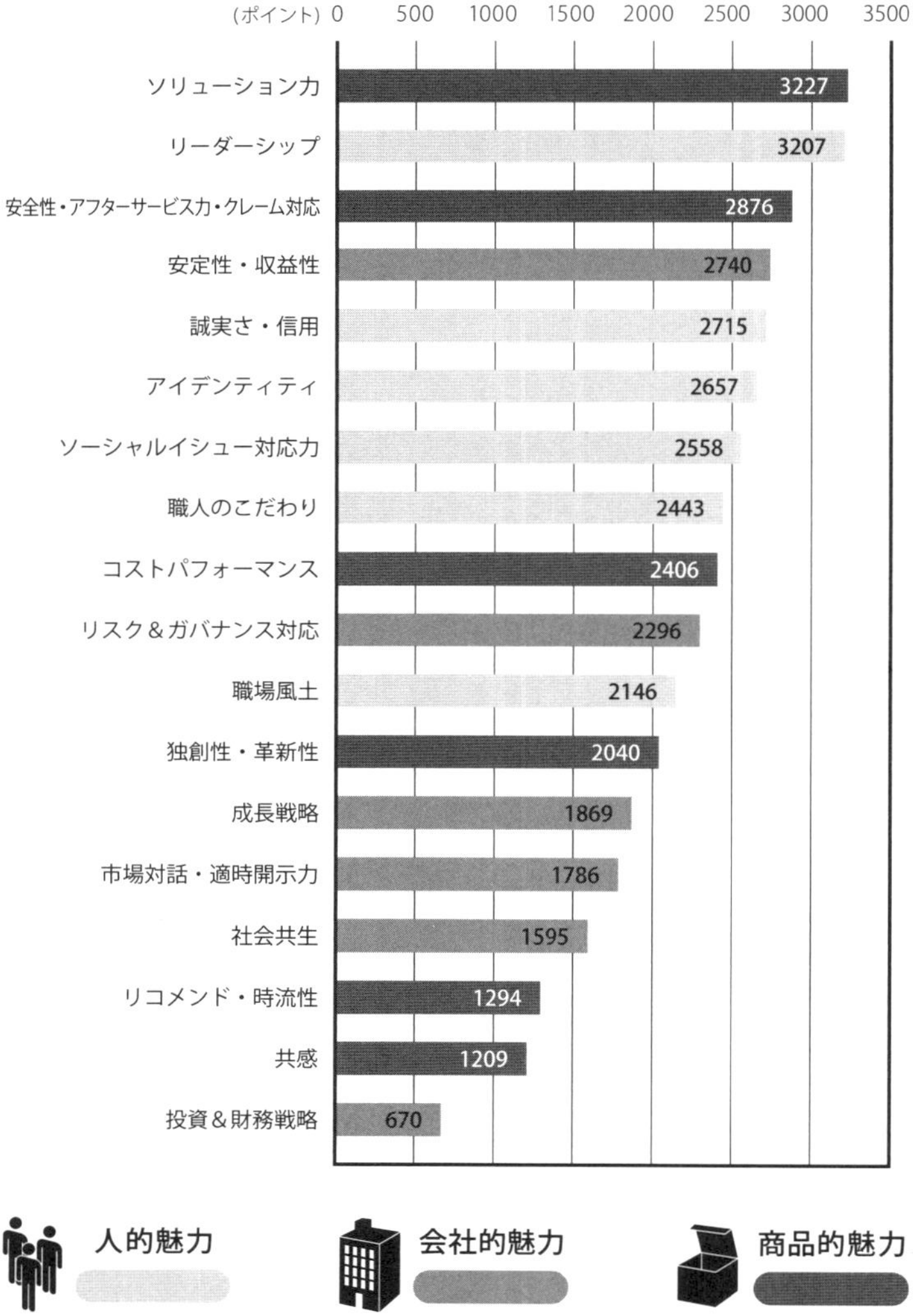
(ポイント)
0
500
1000
1500
2000
2500
3000
3500
ソリューション力 3227
リーダーシップ 3207
安全性・アフターサービス力・クレーム対応 2876
安定性・収益性 2740
誠実さ・信用 2715
アイデンティティ 2657
ソーシャルイシュー対応力 2558
職人のこだわり 2443
コストパフォーマンス 2406
リスク&ガバナンス対応 2296
職場風土 2146
独創性・革新性 2040
成長戦略 1869
市場対話・適時開示力 1786
社会共生 1595
リコメンド・時流性 1294
共感 1209
投資&財務戦略 670
人的魅力
会社的魅力
商品的魅力

図2-9 生活者の期待に応えていない項目ランキング

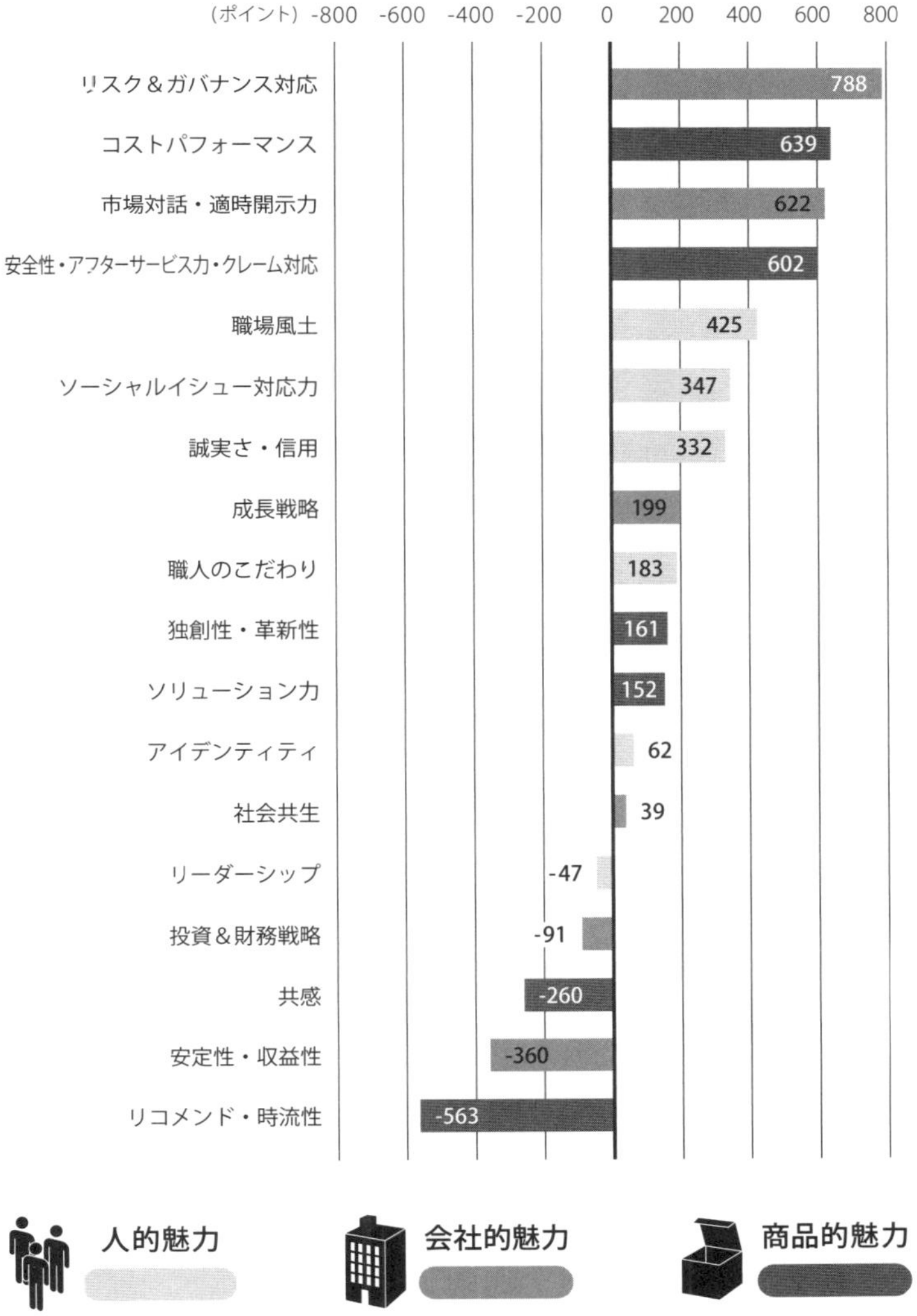
(ポイント) -800 -600 -400 -200 0 200 400 600 800
リスク&ガバナンス対応 788
コストパフォーマンス 639
市場対話・適時開示力 622
安全性・アフターサービス力・クレーム対応 602
職場風土 425
ソーシャルイシュー対応力 347
誠実さ・信用 332
成長戦略 199
職人のこだわり 183
独創性・革新性 161
ソリューション力 152
アイデンティティ 62
社会共生 39
リーダーシップ -47
投資&財務戦略 -91
共感 -260
安定性・収益性 -360
リコメンド・時流性 -563
人的魅力
会社的魅力
商品的魅力

の魅力、成長戦略提示、業界牽引力」などの**「リーダーシップ」**、3位は**「安全性・アフターサービス力・クレーム対応」**という結果になりました。

この「今後、期待する魅力」から、「現在、既に感じている魅力」を引いたギャップを算出したところ、最も差が生じた項目は、**「リスク&ガバナンス対応」**でした。この領域に配分された設問で**「リスクへの備えがしっかりしている」「健全で開かれた経営をしている」**ことが、現状では期待に応えきれていない企業活動だと分かります。リスク&ガバナンス対応は「守りのための企業活動」と捉えられがちですが、生活者の関心が高いことから、「攻めのための企業活動」として、積極的に取り組む必要性が高いと考えられます。

次にギャップが大きかったのは、**「商品・サービスを安価に提供している」「付加価値の高い商品・サービスを提供している」**といった「コストパフォーマンス」、3位は**「問題があっても迅速に公表する姿勢がある」「社会とのコミュニケーションを大事にしている」**といった**「市場対話・適時開示力」**でした。

これらの課題を把握して、積極的に期待に応える活動を行っていくことで、より魅力度の高い企業への成長が見込めるでしょう。

社会課題では「雇用制度・働き方改革」への取り組みに期待

企業に積極的に取り組んでほしい社会課題については、上位10項目は図2－10となりました。

1位は**「雇用制度・働き方改革」**（47・3％）で、2位の**「年金・医療・介護・福祉」**（22・6％）とは、20ポイント以上の大差がありました。**「雇用制度・働き方改革」**への関心は若い世代ほど高く、年代別で見ると20代は56・3％、60代は39・2％と、約20ポイントの開きがありました。一方、年代が高い層では、**「エネルギー問題対策」「地球温暖化対策」「グローバル競争力強化」**といった世界規模の課題への関心が高い傾向でした。

また、社会課題の解決に向けた企業の取り組みで、評価できる具体例を自由回答で聞いたところ、「働く人に合わせた働き方を提案している」（女性20代）、「個人のライフステージに合わせた多様な働き方を採用している」（女性50代）といった点を評価しているコメントが多く見受けられました。そのほか、「週休3日」「プレミアムフライデー」などの休暇促進制度、「雇用形態」「残業」といった労働環境の向上策、「在宅勤務制度」「フレックス制の導入」といっ

図2-10 企業に積極的に取り組んでほしい社会課題

上位10項目

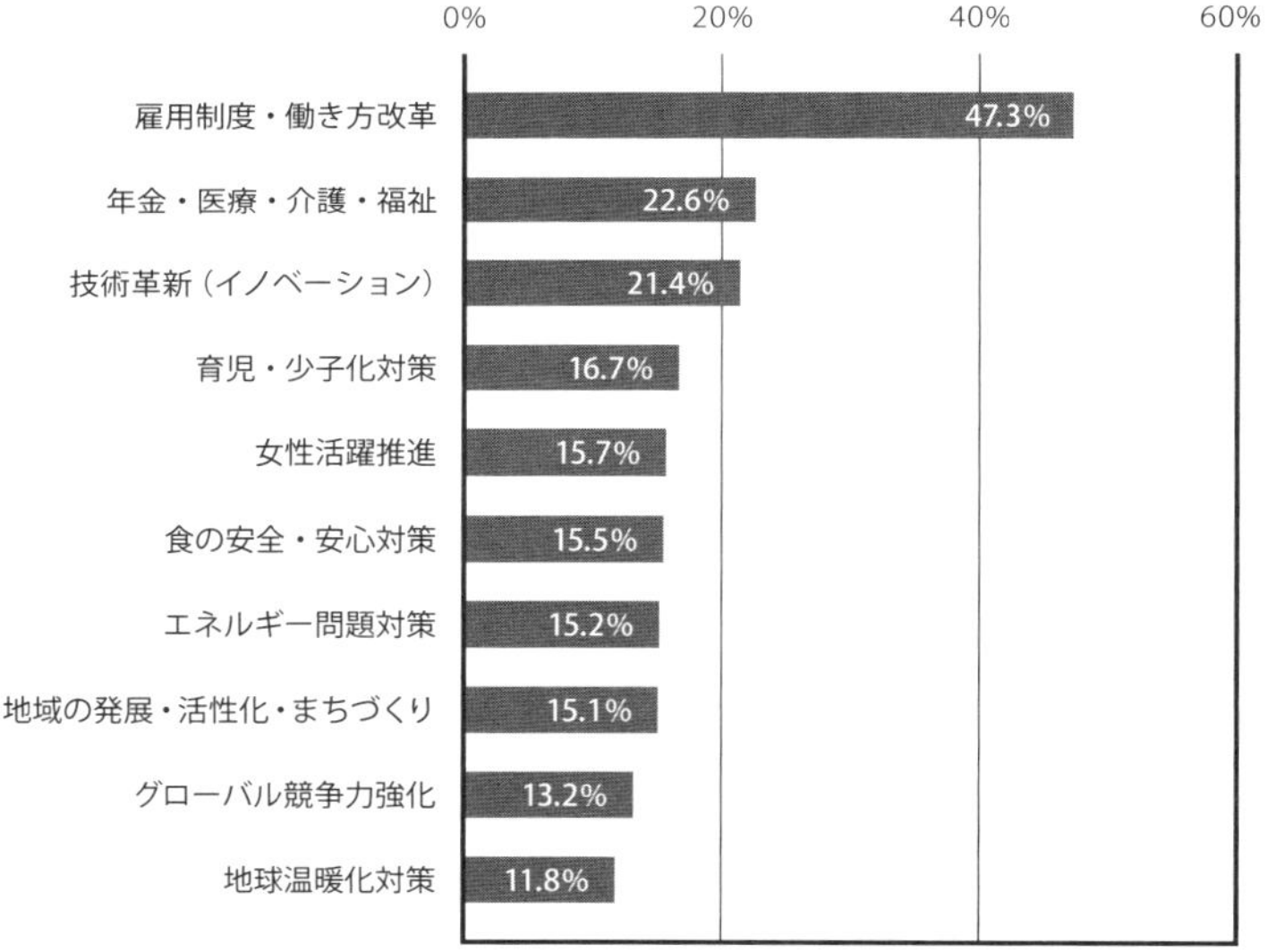

た介護や育児に関わる社員の多様な働き方推進などへのコメントも寄せられ、雇用制度や働き方改革への対策に関心が集まっていることも分かりました。

魅力を感じる企業には積極的に行動、購買は4割以上

生活者は魅力を感じた企業に対して、実際に何らかの行動をとっているのでしょうか。今回の調査結果（図2－11）では、4人のうち3人に当たる75・7％が、魅力を感じた企業に対して何らかの行動を起こしていることが分かりました（「何もしていない」と答えた24・3％を除く）。全体の4割以上の人が**「その企業の商品やサービスを購入した」**（42・4％）と回答しています。次に多かった行動は**「その企業のウェブサイトを閲覧した」**（29・5％）で、**「その企業や、商品・サービスについてネットで検索した」**（24・6％）が続き、魅力を感じた企業への生活者の積極的な行動がうかがえました。

実際に購買行動に結びついた生活者が特に多かったのは、食品業界（65・0％）、電気機器業界（60・8％）、医薬品・生活用品業界（50・3％）で、いずれもその企業に魅力を感じた人の半数以上が商品やサービスを購入してい

図2-11 魅力を感じる企業に対して生活者がとった行動

業界／項目	生活者がとった行動								
	その企業の商品やサービスを見に行った	その企業の商品やサービスを購入した	その企業の株式、投資信託などを購入した	その企業のウェブサイトを閲覧した	その企業や、商品・サービスについてネットで検索した	ソーシャルメディアに投稿した	家族や友人に話をした	その他	何もしていない
全 体 n=9476	21.9	42.4	7.6	29.5	24.6	4.9	21.1	1.6	24.3
不動産・建設 n=935	31.4	15.1	6.0	28.7	20.9	4.0	21.2	2.4	30.9
エネルギー n=939	16.2	29.4	7.8	29.7	19.1	3.6	17.6	1.5	31.4
サービス・その他 n=972	27.6	48.1	5.1	33.7	29.6	6.9	25.4	1.1	20.2
金融 n=917	18.1	35.9	16.6	26.2	21.2	3.9	20.4	1.4	24.5
情報・通信 n=959	18.6	33.7	7.0	34.5	30.7	6.5	17.7	2.4	26.9
電気機器 n=972	22.5	60.8	6.4	30.1	29.5	4.6	20.8	1.4	18.0
鉄道・航空・運輸 n=932	20.4	46.2	6.3	26.4	20.5	5.4	24.9	2.0	26.2
自動車 n=971	31.5	38.4	6.8	31.5	25.8	4.1	23.9	1.1	24.8
医薬品・生活用品 n=935	14.8	50.3	8.9	26.1	25.6	4.1	20.1	2.1	22.7
食品 n=944	17.1	65.0	5.4	28.2	22.8	6.0	19.2	0.1	17.7

n=その業界の企業に何らかの魅力を感じている人　(%)

ることが分かります。

○企業の魅力を感じる情報経路は「メディア系」が半数超

では最後に、生活者がどのような情報経路で企業の魅力を感じたかを見ていきましょう。生活者に企業の魅力を感じたきっかけを聞いたところ（図2－12）、1位の**「番組や記事」**（43・8％）などを含む**「メディア系」**が53・9％と半数を超え、2位の**「商品・サービスを直接体験して」**（37・9％）などを含む**「リアル系」**が46・1％となり、メディア系がリアル系をやや上回る結果となりました。

メディア系を選んだ人にさらに詳しく聞くと、1位は**「テレビ番組」**（51・5％）、2位は**「新聞記事」**（24・9％）、3位は**「ウェブ上のニュース」**（22・9％）と、報道による接点が目立ちます。しかし、4位は**「企業のウェブサイト」**（21・7％）となっており、企業が直接発信する情報からも、魅力を感じていることが分かります。

性年代別で見てみると（図2－13）、男性の20～30代までが**「ウェブを通じ**

た口コミ」が顕著に高く、40~50代は**「番組や記事」**、60代は**「企業が直接発信する情報」**をきっかけとして、企業の魅力を感じやすくなっています。

女性が反応しやすいリアル系は、20・30代、50代が家族・友人・知人など**「身近な人から」**の情報を重視しており、40代は**「商品・サービスを直接体験して」**魅力を感じているようです。また、50代の女性はメディア系の**「広告（チラシ、CM含む）」**のポイントも高く、メディア系では唯一、男性よりも魅力を感じやすい接点となっています。

図2-12 生活者が企業に魅力を感じたきっかけ

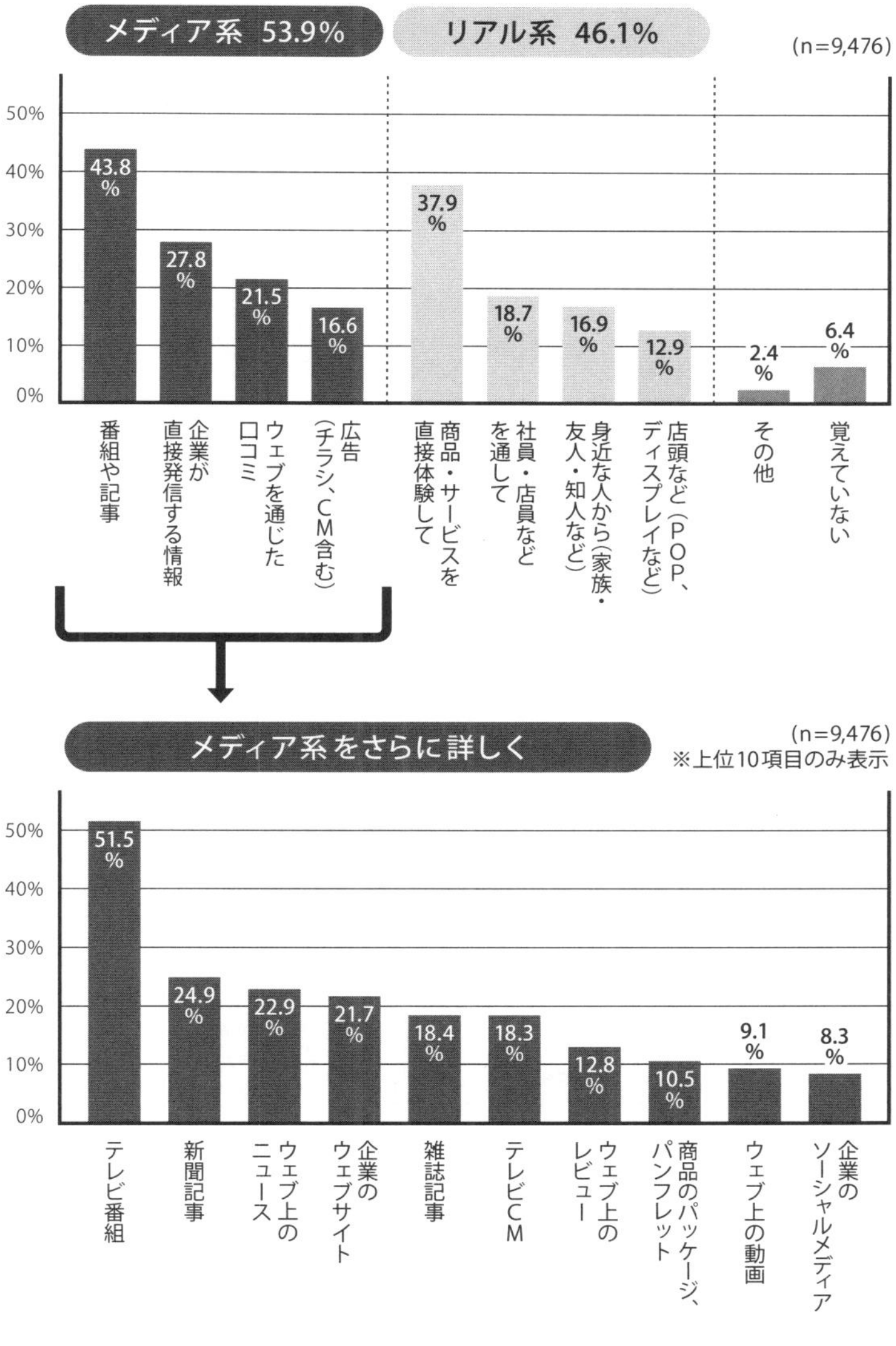

図2-13 各世代男女が企業に魅力を感じたきっかけ

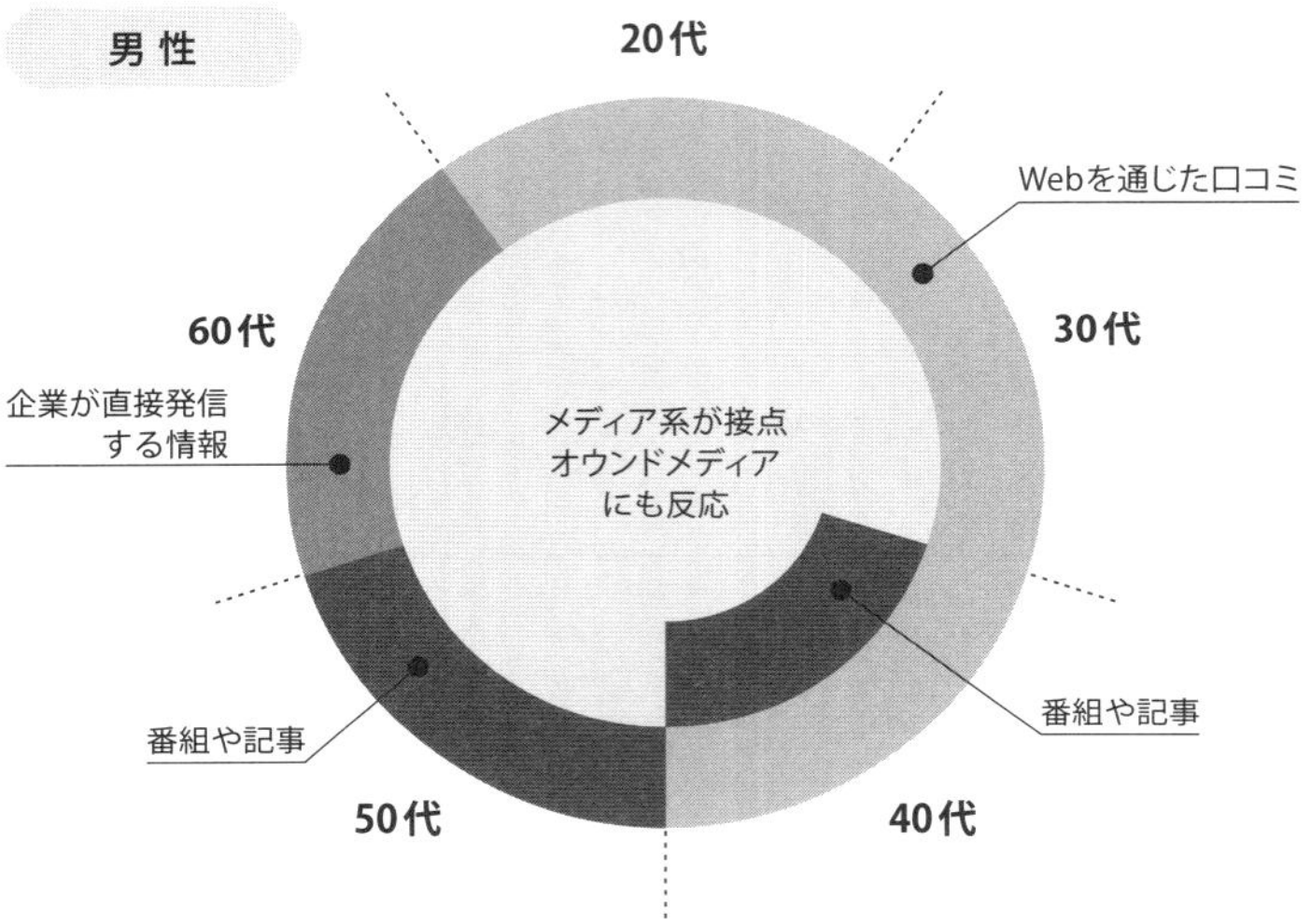

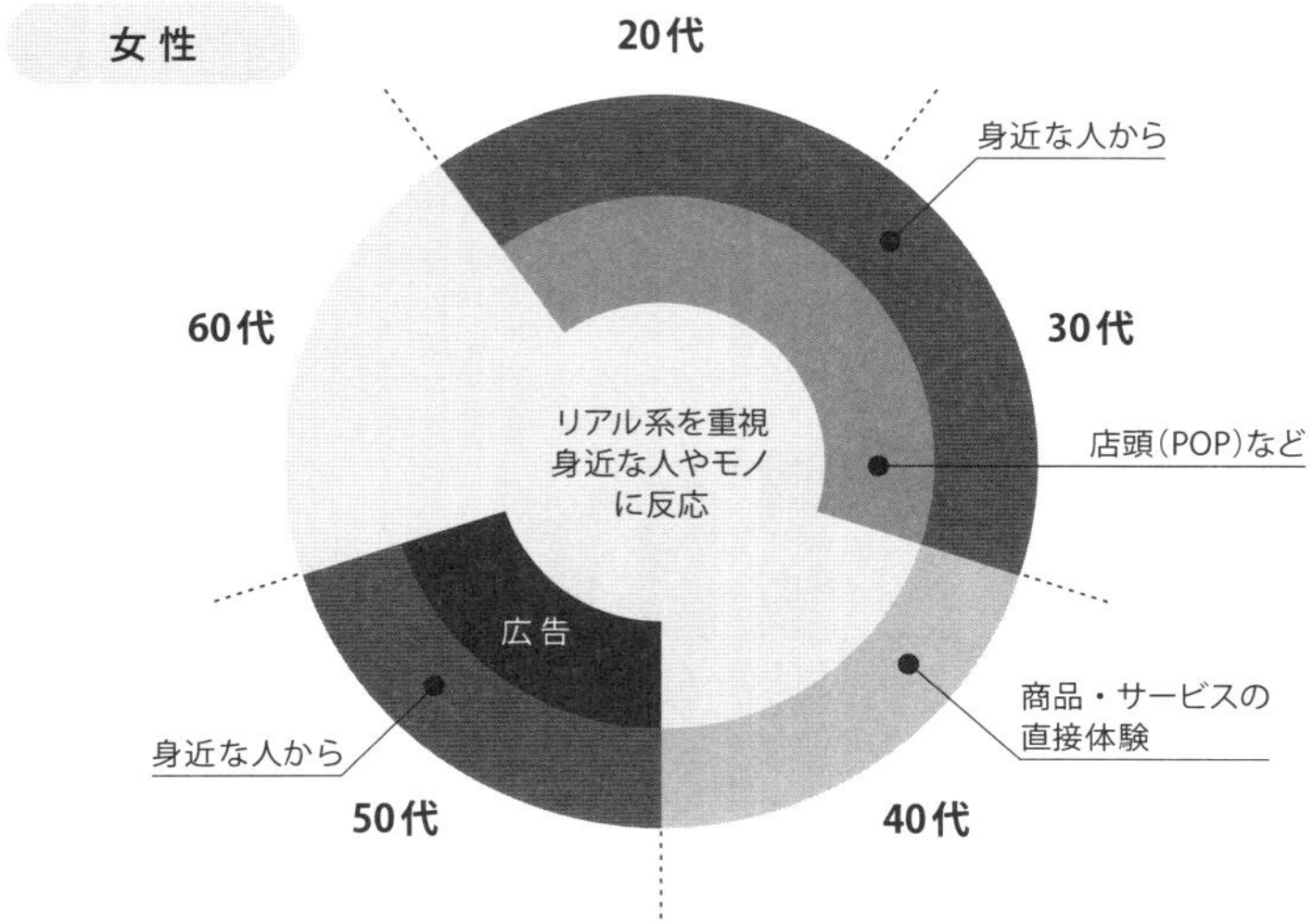

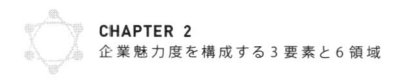

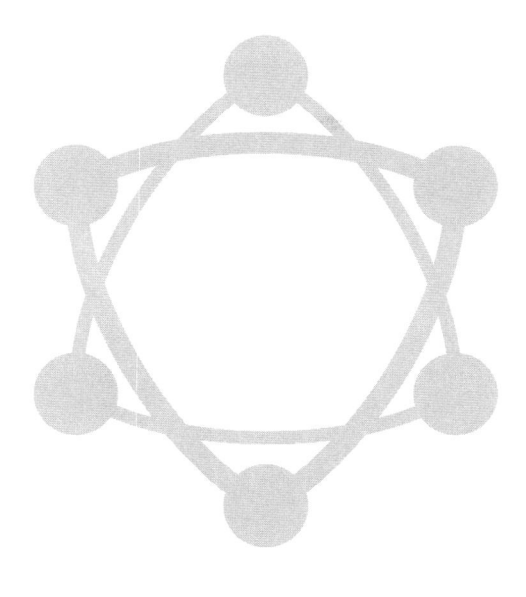

— CHAPTER 3 —

3つの魅力の要素1
人的魅力

CASE 1

[三井物産]

STRATEGIC THINKING ON
BRAND MANAGEMENT
Tactics to Enhance Attractiveness and
Boost Corporate Value

CASE 1

三井物産

勝又諭氏

「社員一人ひとりがメディア」という意識を醸成

コーポレート・ブランディングの自分事化

COMPANY PROFILE

1947年に設立された、日本を代表する総合商社。なお、旧三井物産は1876年に貿易事業を本務として創立。現在では鉄鋼製品、金属資源、プロジェクト、機械・輸送システム、化学品、エネルギー、食料、流通事業、ヘルスケア・サービス事業、コンシューマービジネス事業、ICT事業、コーポレートディベロップメントなどの各分野でグローバルに事業を展開。世界の66カ国・地域に138の事業拠点を持つ。

三井物産といえば「人の三井」と称され、人材の宝庫という印象がある。実際、同社は「人」にフォーカスしたコーポレート・ブランディングに注力している。その背景には、総合商社を取り巻く環境変化がある。ステークホルダーの多様化、情報通信技術の発達に伴うメディア環境の複雑化といった時代の流れを受けて、同社は戦略的なコミュニケーションのあり方を摸索している。

三井物産
広報部長
勝又諭氏
（かつまた・さとし）１９６８年生まれ。91年東北大学文学部卒業後、三井物産株式会社に入社。物流本部、米国三井物産、事業管理部、秘書室等を経て、２０１５年より現職。

○ブランド・プロジェクトが進行中

――三井物産は数年前から、グローバルでの新しいコーポレート・ブランディングに取り組んでいるとお聞きしています。まず、その概要について教えてください。

「三井物産ブランド・プロジェクト」は、２０１３年12月にスタートしました。「グローバルでの三井物産ブランドの確立及び向上」を目的に、第１フェーズを2016年2月に完了。引き続き第2フェーズに移行し、現在に至っています。

第1フェーズで集中的に取り組んだのはロゴやスローガンの策定といった、主として外形面の整備です。そして、それらのコミュニケーションツールを活用した広告など対外的な発信にも注力しました。名刺のロゴなどを見ていただくと、以前のものとはかなり印象が違っていると思います。また、「360°business innovation.」という新たなスローガンを掲げました。「360°」には事業の全方位的かつグローバルな広がり、個性的な人材の集合体といった意味が込められています。

当社はメーカーではないので、世の中にお示しできるような具体的な商品はありません。一人ひとりの社員が様々な事業領域でビジネスを創り、動かしていく中で、彼ら彼女らが仕事に対する愛着やプライドを持ち、社会とのつながりを深く理解した上で三井物産というブランドを構築していく。そんな方向を目指しています。

このプロジェクトには、クリエイティブディレクターの佐藤可士和さんにも協力をいただいています。様々な部門の役員や社員とのミーティングを実施し、三井物産の本質的な価値、戦略的なコミュニケーションのあり方について一緒に考えていただきました。ロゴやスローガンなどは、こうした取り組みの中で生まれたアウトプットの一部です。佐藤さんをはじめ外部のプロフェッショナルの方々には、第1、第2フェーズそれぞれの段階で、重要な役割を担ってもらっています。

――第2フェーズの進捗状況はいかがでしょうか。

現在進行中の第2フェーズ（＊1）では、社内浸透と理解促進が重要なキーワードです。社員一人ひとりが、自分たちの仕事がステークホルダーに対してどのような価値を提供し、社会にとってどのような意味を持っているのかを発信できるようにしたい。もちろん、当人の仕事の中身や発信する相手によって、メッセージの形は異なるでしょう。しかし、そのメッセージの根幹には、三井物産の価値観が反映されていなければなりません。

当社の連結の従業員数は4万2000人強（2017年3月末現在）。うち約40％が日本人、約60％が外国人という構成です。その全員が三井物産のブランドを背負っています。一人ひとりがそんな意識を持って、社会に対して適時、適切なメッセージを発信できるような状態をつくるために、まだまだやるべきことは多いと思っています。

＊1：三井物産ブランド・プロジェクトの第2フェーズの様子。様々な部門の社員が議論に参加して、三井物産の本質的な価値や強み、提供機能について考え議論した。

○ 環境変化と総合商社の変化

――「三井物産ブランド・プロジェクト」に取り組んだ背景、経緯について教えてください。

三井物産という社名自体、おそらく国内では相応の知名度はあると思います。ただ、どんな仕事をしているのか、具体的な話になるとよく分からないという場合が多い。そもそも日本独特の総合商社という業態は一言では説明しにくいものです。国内でもそんな状況ですから、海外となればなおさらです。その一方で、現在当社の事業活動の大半は海外で展開されています。こうした状況を冷静に見極めるべく一度立ち止まって、世界を視野に入れたコーポレート・ブランディングを考え直す必要があると考えました。

また、本プロジェクトの背景には、我々が直面しているビジネスモデルの変化もあると思います。当社の生業はもともと貿易からスタートしましたが、最近は買い手と売り手との直接取引も増加しており、当社としては取引の仲介に加えて、投資や事業運営にも積極的に取り組んでいます。この場合、三井物産の名前でビジネスを展開することもありますが、そうでない場合もあります。

事業パートナーが存在する合弁企業となると、三井物産が関与していることがほとんど知られていないこともあります。私たちは何をする会社なのか、どのような価値を提供している会社なのか。こうした問題意識が、今回のブランド・プロジェクトにつながりました。

――総合商社というと、幅広い産業分野の企業を支える「黒子」というイメージを持っている人も多いかもしれません。

以前は「しっかりした仕事をしていれば、会社としてのプレゼンスやブランド力はあとから付いてくる」という考え方が主流だったと思います。三井物産が前面に出るのを良しとしない、あるいは黒子に徹するというマインドです。今でも特に伝統的な商いに携わる部署には、そうした雰囲気が残っているかもしれません。

しかし、活動領域が広がりビジネスそのものの形も変わりつつある中で、もっと自分たちの活動を多くのステークホルダーに認知、理解していただく必要があるのではないか。多くのステークホルダーの理解を得て、さらに支持を獲得することができれば、それは持続的な成長にもつながるでしょう。人材採用や株価などにもポジティブな影響が出てくるはずです。

根底にあるのは、
当社の本質的な価値は企業活動を担う
人材にあるという認識です。

○案件の大規模化に伴い、組織的な対応の重要性が高まる

――三井物産の長い歴史の中で、いつしか「人の三井」と称されるようになりました。人の魅力を育む土壌のようなものがあるのだと思います。

その種の話はあまり自分たちから言うようなことではなく、お客様やパートナーを含め、社会や周りの皆さんから評価いただくものだと思います。ただ、そのように見られているとすればありがたいことですし、当社としても人材育成とそれに関わる制度を含めた環境整備には力を注いできました。根底にあるのは、当社の本質的な価値は企業活動を担う人材にあるという認識です。

私たちは当社単独の技術や商品をベースに事業を展開しているわけではありません。一人ひとりの社員が世界のどこかでパートナーとしっかりコミュニケーションをとりながら、自律的に物事を考えてビジネスをつくっていく。アンテナを高く張って世の中の動きを察知する力、ビジネスチャンスを切り拓いていく力が求められます。その積み重ねによって周囲の信頼を獲得し、ビジネスをさらに前進させていくような人材の層をこれまで以上に厚くしたいと考えています。

――どのような人材を育成していくかは、時代によっても変わるでしょう。

時代の変化を受けて一人ひとりの働き方が変わってきたことも確かです。かつては一つひとつのビジネスの単位が比較的小さく、少数の社員で完結するような案件も少なくありませんでした。今でもそうしたタイプのビジネスがなくなったわけではありませんが、全体としては案件規模が大きくなっています。例えば、資源開発などのプロジェクトでは、数千億円規模の投資を行うこともあります。また、長期にわたるプロジェクトでは多くの人員が関わり、途中でメンバーが入れ替わることもあります。

ビジネスの規模が拡大すると、当然ながら多くの社員がチームを組んで仕事をします。プロジェクトのリーダーは部長や本部長、場合によっては社長への報告も求められます。組織としての対応が重要になるほど、個々の社員の裁量は狭まってくることもあります。組織としての規律と個人の自律、そして自由闊達な環境づくりをバランスよく進めることは、当社だけでなくおそらく多くの企業にとって難しい課題になっていると思います。

――活動領域が広がりビジネスそのものの形が変わりつつある中で、最適なバランスをとっていかなければなりませんね。

残念なことではありますが、当社は2000年代初頭にいくつかの不祥事を経験し、企業活動にも大きな影響が出ました。社会に対しても大変なご迷惑をおかけし、様々なご批判を受けることになりました。チェック機能が正常に働かなかった結果として起きたことですから、その後はどうしても管理強化の方向に進みます。ただし、管理強化が過度に進みバランスを欠いてしまうと、社員の姿勢も縮こまりがちです。もしかしたら最近は健全なチャレンジやリスクテイクの気風が少し薄らいでいたのかもしれません。

だからこそコンプライアンスや企業倫理をしっかりと固めて、その上できちんとリスクを見極めながら、企業活動においてはチャレンジを続けていかなければならないのです。

角を矯めて本来の力が発揮できないようでは、激変するビジネス環境において持続的な成長を遂げることはできません。事業を通じた社会への貢献も、おぼつかなくなるでしょう。こうした危機感を経営陣は強く持っています。社長の安永はことあるごとに「思い切ってチャレンジしてみろ」といっていますし、その方向で様々な改革が進行中です。ブランド・プロジェクトも、同じ文脈の中に位置づけられています。

○戦略的なコミュニケーションを目指して

――先ほど、戦略的コミュニケーションという言葉がありました。例えば、かつての広報というと、新聞やテレビ局などの記者への対応が主要な業務だったと思います。しかし、いまでは、個人がメディアを持ち一定の影響力を発揮する時代です。こうした中で、コミュニケーションのあり方を、どのように変えようとしているのでしょうか。

それは、私たちにとって旬のテーマです。確かに、広報はこれまでマスメディアとの対話をメインに仕事をしていました。マスメディアの向こう側にいる人々、つまりパブリックとのリレーション（ＰＲ）を意識してのことです。一方、ＩＲを担う部門は、投資家の皆さんとのリレーションを考えていて、投資家やアナリストの方々との対話が主要な業務になります。人事部門は優秀な人材の獲得を目指して、大学関係者や学生をはじめとする人たちとのコミュニケーションに注力していますし、環境・社会貢献部は環境、国際交流、教育の分野での当社の取り組みについて発信を続けています。

また、グローバル視点で見ると、海外でビジネスを進めるにあたってその国の政府や自治体、経済界などとのコミュニケーションが必要になってくる場合もあります。このように、当社が国内外の様々な場面で対峙するステークホルダーはますます多様化しています。

現状、当社は複数の部門がそれぞれの役割を担い、その役割に基づいて外部と向き合っていますが、情報通信技術の発達やソーシャルメディアの普及により、個人の情報発信力が格段に高まり、世界規模で情報の流れやコミュニケーションが非常に複雑化してきました。企業広報に就いても、企業側から一方的に情報を発信するというスタイルから、ステークホルダーごとの関心に合わせて双方向の対話が求められるようになってきています。ステークホルダーの関心自体も多様化している昨今、双方向のコミュニケーションを適切に遂行すると言うのは簡単ですが、非常に難易度の高いテーマだと思います。先に述べたように、一人ひとりの社員が三井物産の価値観に基づくメッセージを語り、目の前のステークホルダーと向き合うことが重要。そんな考え方は、ブランド・プロジェクトの中から生まれた「社員一人ひとりがメディア」というフレーズにも表現されています。

さらに、新しい時代に即したステークホルダーとのコミュニケーションは、どのようにあるべきか。長期的な視点で戦略的なコミュニケーションのあり方を検討する必要が高まってきていると思っています。

○個人にフォーカスして、社会とのコミュニケーションを図る

――オウンドメディアの中で、人的魅力を発信することも多いと思います。その基本にある考え方、工夫している点などを教えてください。

「三井物産は社会に対してどのような価値を提供しているのか」、「三井物産はどのように人々の生活に役立っているのか」が、具体的に見えてくるようなメッセージを心掛けています。以前は事業やプロジェクトを前面に押し出すケースが多かったのですが、ここ数年は、意識して「人」にフォーカスするようにしています。

特にオウンドメディアでは、経営幹部だけでなく現場の社員を取り上げる機会も多く、ストーリー仕立てで読んでもらえるよう工夫しています。現場の社員を対象にその仕事ぶりを動画で紹介するケースもあります。

こうした取り組みは、広報部に限ったことではありません。人事部門が採用

目的の媒体で当社社員にフォーカスするのは一般的な手法だと思いますが、IR部門における個人投資家への説明会、株主総会などでも、携わっている仕事を踏まえて当社社員を前面に出す手法を取り入れています。

――個人にフォーカスするようになってから、周囲からの反応に変化がありますか。あるいは、社内でも何らかの変化があったかもしれません。

人は人に惹かれるというか、関心を持つようなところがあるのでしょう。当社のウェブサイトなどを、興味を持って見ていただいているようです。おかげさまで当社ウェブサイトを刷新してからPVも上がっています。また、ソーシャルメディアで話題になるなど、外部からの反応を肌で感じることが多くなりました。

加えて、オウンドメディアで取り上げた社員としては、やはり意気に感じるところもあるでしょう。モチベーションアップにもつながっているようです。一人ひとりが三井物産の看板を背負っているんだという責任感、それが「社員一人ひとりがメディア」という意識の醸成にも役立っていると思います。

――それは、ブランド・プロジェクトの、特に第2フェーズにおける大きなテーマともいえそうですね。

その通りです。第２フェーズにおける中心的な取り組みとしてアドバタイジング・プロジェクト（ＡＤＰ）が進行中です。この活動を通じて、社員一人ひとりに自分たちの会社について徹底的に考え掘り下げてもらうこと、言い換えればコーポレート・ブランディングの「自分事化」が狙いです。

具体的には、各営業本部の中堅、若手を中心に５〜８人程度がチームになり、打ち出すテーマの設定も含めて自分たちの強みや社会への提供価値などを議論します。議論の過程では佐藤さんなど社外の眼からも厳しく吟味してもらいながら、最終的には広告の形に仕上げて新聞などに掲載します。担当業務の傍らＡＤＰに参加するので、メンバーにとってはかなり大変だと思います。しかし、実際に参加してみると様々な刺激や気づきが得られたようで、参加メンバーにも非常に好評です。ＡＤＰのプロセスの中で考えたこと、気づいたことを積極的に発信して、各営業本部の雰囲気をいい方向に変えてくれるのではないかと期待しています。

広告をつくること自体が目的ではなく、広告制作のプロセスにおいて参加メンバーの一人ひとりが深く考え徹底的に議論してもらいたい。そして、そこで得たものを共有することでプロジェクトに参加していない社員にも伝導し、ポ

社員一人ひとりに
自分たちの会社について
徹底的に考え掘り下げてもらうこと、
言い換えればコーポレート・ブランディングの
「自分事化」が狙いです。

ジティブな影響に繋げてもらいたい。これがＡＤＰの目的です。
２０１６年には６本の広告制作を実現しました。２０１７年も６営業本部で取り組んでいますので、16ある営業本部のうち３分の２以上がプロジェクトに参画していることになります。当社のブランド戦略においてすぐに効果が期待できるような活動ではないかもしれませんが、社員のマインドも少しずつ変わりつつあると考えています。

○「人の三井」を支える教育プログラム

――ブランディング以外の面では、どのような改革がありますか。人的魅力に関係する部分で、具体的な例を紹介していただけますか。

２０１５年には、若手の海外派遣制度を見直し、「ＭＢＫ若手海外派遣プログラム」として再整備しました。入社３〜７年程度の若手社員に対し、１〜２年間の海外経験を積ませるという制度です。自分で考えビジネスを切り拓けるように、若いうちから修羅場経験を積んでもらおうということで、実際に３年目で海外赴任する若手も出てきています。最近は、外国語に堪能な若手も増えていますからね。

このプログラムの中には、修業生制度というものもあります。例えばロシア語や中国語、ポルトガル語などが話される地域に若手を2年間派遣し、語学・地域スペシャリストを養成する制度です。英語などに比べると言葉の壁が比較的高いので、こうした地域でビジネスができる人材を育てておく必要があります。もちろん、修羅場経験の場にもなるでしょう。

――そのほかの人材育成プログラムもお聞きしたいと思います。

プログラムの種類は豊富で、かなり充実していると思っています。昇進などの節目ごとに行われる研修のほか、ハーバード・ビジネススクールと組んだグローバル・マネジメント・アカデミー（GMA）やジャパン・トレーニー・プログラム（JTP）などがあります。GMAは合計で1カ月ほどの期間、参加者は寝食をともにして学びます。まず日本で座学を実施し、その後米国のハーバード大学に場所を移してケーススタディなどに取り組む。もう一つのJTPは、主として海外で働く現地社員を日本に呼び寄せて、日本人の社員を交えて行う研修です。

教育目的というわけではありませんが、今年から始めた社内起業制度も紹介しましょう。当社に入社したものの、もっと面白いことを見つけたといって退社する人もいます。別の業界で精力的に仕事をしている方もいますし、起業家として成功しているOBもいます。中には、社員のときに「こんなことをやりたい」と手を挙げたものの、聞き入れられず「だったら自分でやろう」と思って辞めた人もいるでしょう。

社内起業制度はこのような、いわば埋もれかけているアイデアに光を当てるものでもあります。勝てると信じるアイデアがあるなら、必ずしも会社を辞める必要はなく、この制度を使って社員としてチャレンジすることができる。限度はありますが、「会社として必要な資本を出しましょう、ただし自分でも相応のリスクマネーを用意してください」というものです。もちろん、案件審査を含めて一定のルールがあります。社会人としてある程度の経験が必要ということで、原則として入社してから6、7年以上の者に対象を絞っています。

○営業本部間の人材交流を本格化

――総合商社では産業分野ごとに経験を積ませて、その分野のエキスパートを

育てるという傾向があったように思います。そうしたキャリア形成のスタイルは、変わりつつあるのでしょうか。

大きく変わりつつあります。当社では、数年前から交流人事を本格化させています。先に16の営業本部があると言いましたが、それらは概ね産業分野に対応しています。こうした営業本部をまたいだ人材交流は以前からあり、毎年70人前後が営業本部間や営業とコーポレート間で異動しています。

業界の垣根が低くなったことが、その背景にはあります。例えば、自動車分野ではコネクテッドカー、さらには自動運転を目指した動きが進行中です。自動車を構成する素材ひとつをとってみても、従来からの鉄やアルミといった金属だけでなく、炭素繊維などにも目を向ける必要があります。EVになれば、電池関連メーカーとのやり取りが必要でしょう。「つながるクルマ」という視点では、ICTの要素が欠かせません。

従来のような産業分野ごとの対応ではカバーしきれない部分が増える中で、人材交流を進めるとともに営業本部間の連携を強化する必要があります。営業本部間で異動する人材には、複数の産業をつなぐ橋渡し役を担うとともに、ある産業を別の視点から見て生まれる新しい発想を育ててもらいたいと期待しています。

総合商社の歴史は、トランスフォーメーション（変革）の歴史でもあります。先輩方の旺盛なチャレンジ精神が、ダイナミックな変化を実現してきました。今、私たちは新たなチャレンジに向き合っています。その成否は一人ひとりの社員の働きにかかっています。

人材を核にした持続的成長の実現

～インタビューを終えて～

Viewpoint of the Specialist

設立以来、一貫して企業の価値を「人」に据えてきた三井物産。日本独特の総合商社というビジネスモデルの存在意義やあり方が問われる中、同社ではこの原点に立ち返った「人」に重きを置くコーポレート・ブランディングが進められています。

その契機の1つとなったのが、2000年代に起きた不祥事でした。勝又氏はこの負の出来事にも自ら触れて、自戒を糧とした社内改革や人材育成などについて真摯に語ってくれました。その誠実な姿勢は、人的魅力の信頼感につながるものです。

2013年にスタートした「三井物産ブランド・プロジェクト」は、取材時にはコーポレート・ブランディングの自分事化を狙った第2フェーズが進行中。第1フェーズでは、ロゴやスローガンの策定といった外形面の整備を行い、それらのコミュニケーションツールを活用した広告など対外的な発信に力を入れました。第2フェーズでは、社内浸透と理解促進をキーワードに、社員一人ひとりが自分たちの仕事がステークホルダーにどのような価値を提供しているのかを発信できるように取り組んでいます。ステークホルダーとのコミュニケーションやオウンドメディアなどでのメッセージ発信においても、「人」にフォーカスした打ち出しがなされています。

また、人的魅力にはCSRやCSVの観点も欠かせません。三井物産では自社が保有する「三井物産の森」を通じた環境教育や森林資源の活用のほか、ビジネス面では世界各地における資源開発やインフラ整備といった国づくり支援などにも寄与しています。このような社会性と収益性を両立させた企業活動も、三井物産の人的魅力を高めている要因でしょう。

2016年3月期には設立以来初の赤字決算となった同社ですが、2018年3月期の連結純利益は過去最高を更新する見通しと、V字回復の兆しを見せています。今回の取材で「人の三井」の本質に触れ、三井物産の根底にある強さを実感させられました。

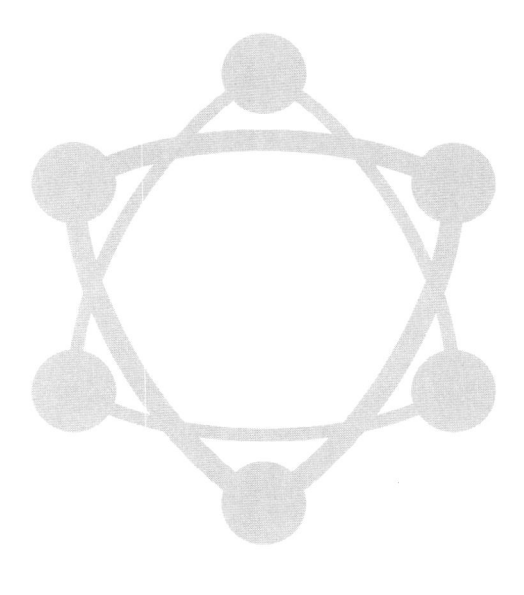

— CHAPTER 4 —

3つの魅力の要素2
会社的魅力

CASE 2

［ソニー］

STRATEGIC THINKING ON
BRAND MANAGEMENT
Tactics to Enhance Attractiveness and
Boost Corporate Value

CASE 2

ソニー

今田真実氏

復活に向けた構造改革、その意義をいかに伝えるか？

お客様に感動をお届けする会社になるために

COMPANY PROFILE

1946年5月、従業員数約20人で創業した東京通信工業は、その後ソニーと社名を変えて日本を代表する企業になった。事業ポートフォリオは時代とともに変わり、現在ではモバイル・コミュニケーション、ゲーム＆ネットワークサービス、イメージング・プロダクツ＆ソリューション、ホームエンタテインメント＆サウンド、半導体、映画、音楽、金融などの事業を展開している。

最近、多くのメディアが「ソニーの復活」を報じている。苦しい時期を乗り越え、2017年度決算では営業最高益が視野に入ってきた。2012年に平井一夫氏が社長に就任してから取り組んできた構造改革が実を結んだ形だ。同社は「会社的魅力」において高い評価を得ている。ソニーという会社が備える魅力、その伝え方などについてソニーの広報・CSR部のシニアゼネラルマネジャーを務める今田真実氏に聞いた。

ソニー
広報・CSR部
シニアゼネラルマネジャー
今田真実氏
（いまだ・まみ）1970年生まれ。神奈川県出身。上智大学卒業後、93年にソニー株式会社入社。営業や採用担当を経て、2000年より広報業務に携わる。17年より現職。同社の広報、CSR活動を牽引している。

○厳しい時期を乗り越えて復活

――2017年度決算では、ソニーが目標として掲げた営業利益5000億円の達成が確実視されています。また、20年ぶりとなる営業最高益も更新する見込みです。平井一夫氏が社長に就任してから行われた改革、その間のステークホルダーとのコミュニケーションについて、振り返っていただけ

ますでしょうか。

平井が社長に就任したのは２０１２年です。「ソニーを変える。ソニーは変わる」というメッセージを打ち出し、３年間で構造改革をやり切るという決意で様々な施策を実行しました。社員にとって痛みを伴う施策もありましたし、お客様にご心配をおかけしたこともあるかもしれません。株主やステークホルダーの方々に、好ましくない情報を発信しなければならない場面も少なからずありました。

構造改革がすぐに成果として表れるとは限りません。厳しい施策に取り組んでも、それが目に見える形になるまでにはどうしてもタイムラグが生じます。その間の、ステークホルダーとのコミュニケーションは非常に重要です。「なぜ、このような施策に取り組まなければならないのか」、「それらの施策は、どのような未来につながっているのか」といったことをトップのメッセージだけでなく、様々な形で発信するよう努めました。

――痛みを伴う改革を実行するためには、その先に、ステークホルダーが共有できるようなビジョンが必要ですね。

まず、自分たちが変わらなければ、明るい将来を引き寄せることはできません。そして、高収益を上げられる企業として生まれ変わるためには、痛みがあったとしてもやるべきことをやり切る必要があります。このことを、社員や多くのステークホルダーに納得してもらうことが大事。そのような考え方で、社内外とのコミュニケーションを図りました。

○「変えなかったこと」と「変えたこと」

――ソニーはどのような会社になるのか、そのビジョンの打ち出し方は難しかったと思います。抽象度が高すぎると「間違ってはいないがピンとこない」ものになりがちですし、具体的すぎると、状況が変わるたびに修正しなければなりません。

平井が掲げているビジョンは「お客様に感動をもたらし、人々の好奇心を刺激する会社であり続ける」というものです。これは、社長就任当初から変わっていません。社内外に「抽象度が高い。もう少し具体性がほしい」といった声があったことも承知しています。ただ、ソニーの事業はエレクトロニクスやエンタテインメント、金融など多岐にわたります。これらの全体を横串で貫くものは何か。それが、「感動」です。

平井はことあるごとに「感動」、「五感に訴える」といった言葉でソニーの方向性を表現していますが、その中核には創業者である井深大、盛田昭夫から受け継がれてきたＤＮＡがあります。創業から70年以上を経過して、事業ポートフォリオはずいぶん変わりましたが、「人のやらないことをやる」という考え方やチャレンジ精神など、ソニーの根底にあるものは変わっていません。

最近は社外の皆さまからも、「ソニーが目指すのは感動ですよね」といってもらえる機会が増えました。一つのメッセージを発信し続けることの重要性を、あらためて感じています。

――ソニーのDNAに立脚する「感動」は、構造改革の中でも「変えなかったもの」といえそうですね。では、一方の「変えたもの」は何でしょうか。

多方面で様々な改革を実行しましたが、最も大きく変わったのは事業収益のポートフォリオや構造といったものでしょう。多様な事業の中でも、大きな課題はエレクトロニクス事業でした。主力のテレビ事業では、10年赤字が続いていました。それを補えるほどの高収益を、他の事業で上げることもできませんでした。最大の焦点は、一般消費者向けのエレクトロニクス事業をいかに高収

「人のやらないことをやる」という
考え方やチャレンジ精神など、
ソニーの根底にあるものは変わっていません。

益化するかということでした。

以前は量の拡大、言い換えればシェアが重視されていました。世界市場で高いシェアを獲得することで売上を拡大し、高収益を目指すという考え方です。テレビを例にとれば、2009年には「世界で4000万台を目指す」との目標がありました。4000万台を売るためには、4000万台を生産するための工場設備や人員などのリソースを用意しなければなりません。また、それを売り切るための販売網も必要です。全体として、固定費は膨らんでいきます。そして、量を追うと販売価格競争に陥ります。こうしたやり方が、結果として経営を圧迫していました。

構造改革を通じて、従来の事業構造は大きく変わりました。一律に規模を追うのではなく違いを追う。つまり、高付加価値な商品に集中するという方向です。こうした戦略転換を進める以上、構造改革は不可避でした。

◯ クラウド時代にも端末は重要

——ソニーの戦略の中で、「ラストワンインチ」や「リカーリング」という言

葉をよく見かけます。これについて説明していただけますか。

音楽や映像、ゲームなどを含めて、いろいろな情報がクラウドで管理されるようになりました。クラウドのサービス側に価値がシフトすると、手もとの端末の価値は相対的に低下するのではないか。あるいは、端末ではあまり差が出なくなるのではないか、といった議論があります。端末メーカーにとっては非常に重要なテーマです。

こうした中で、日本メーカーの中にはＢ２Ｃビジネスを縮小する動きもありました。これに対して、ソニーとしてはＢ２Ｃビジネス、コンスーマーエレクトロニクスに真正面から向き合っていく考えです。

クラウドに大量のコンテンツが載せられていたとしても、結局のところ、人間がそれを楽しむためには端末が必要です。ウォークマンやテレビ、スマートフォンなど何らかのデバイスを使ってコンテンツを楽しんだり、情報を取り出したりします。そのときに、心地よく音を聞きたい、きれいな画像を見たいというのは、人間の本来的な欲求ではないでしょうか。ソニーはここで勝負していくというメッセージが、「ラストワンインチ」には込められています。

もう一つのリカーリングは、お客様と継続的につながり、商品やサービスを提供していくというビジネスモデルのこと。長くお付き合いをしていただけるよう、私たちとしてはお客様の期待に応え続けていかなければなりません。

――例えば、ソニーのゲーム事業ではデバイスに加えて、クラウドのプラットフォームも提供しています。「ラストワンインチ」とプラットフォームを組み合わせることで、ビジネスモデルを強化できるケースが多いように思います。

ゲームのプラットフォーム、「プレイステーションネットワーク」のアクティブユーザー数は月間約７０００万人と、世界の多くのお客様に使っていただいています。ユーザーベースの更なる拡大と、ＰＳ４とユーザーの皆さま一人ひとりとのつながりを強化し、プラットフォームの価値をさらに上げていくことに注力しています。強いハードウエアとプラットフォームの組み合わせは当然リカーリングビジネスの強化にもつながります。一方で、ソニーが自前ですべてのハードウエアに対してサービスプラットフォームを提供することは現実的ではありません。プラットフォームは他社のものを活用し、ラストワンインチのハードウエアのクオリティーで勝負するものももちろんあると考えます。

――ソニーの戦略についてうかがいましたが、そうした企業としての方向性を

ステークホルダーに伝える上でどのようなことに工夫していますか。

当社は3年ごとに中期計画を策定しています。その中期計画の中で、コアメッセージを抽出して世の中に発信していく。メッセージの中身をより適切なものにするため、トップマネジメントをはじめ、様々な部門が十分に時間をかけて議論を重ねています。

その後は、広報や宣伝、マーケティングなどのチームが世界各国で、方針に沿ってメッセージを展開します。国や地域によって、あるいは事業によってメッセージの調整は必要ですが、大きな方向性に違いがあるようでは困ります。すべてのメッセージが、ソニーの戦略、経営方針を反映したものでなければなりません。

○リスクに対する向き合い方

――私どもが行った「企業魅力度調査」において、「会社的魅力」の中にはリスクマネジメントに関する項目が入っています。リスクマネジメントの観点では、どのようなことに気をつけていますか。

最も心掛けているのは、ファクトの見極めです。何が起きているのか、正確な事実をできるだけ早く把握すること。そして、トップマネジメントに素早くエスカレーションすることです。事象の性格に応じて、専門家による検討作業も並行して進みます。広報だけでなく、法務やコンプライアンスなどの部門が関わることもあります。

リスク対応マニュアルもありますが、発生する事象は千差万別です。具体的な問題ごとに、臨機応変に対応するよう心掛けています。特に商品やサービスに関わる問題であれば、その先にお客様がいることを忘れてはなりません。いかにお客様に迷惑を掛けないようにするか、あるいは最小化するか。この点も、強く意識していることです。

――事象によって、要求されるエスカレーションのスピードは異なると思いますが、どのようなルールがあるのでしょうか。

例えば、製品の品質に関わるような事象であれば、高速のエスカレーションが求められます。出来事の性質によって、「何時間以内に社長に報告する」といった社内ルールを設けています。

事業の幅が広いこともあり、起こりうる事象は多種多様です。すべてのシナリオをあらかじめ想定した上で対処することは困難。基本的には、何らかの問題を把握した社員がすぐに上司に上げ、そのまた上司にといったスピーディーな情報の流れをつくることが重要だと思います。

ルールへの注意喚起やリスクへの向き合い方などに関するメッセージは、コンプライアンス担当の役員など、しかるべきポジションの幹部から折に触れて社内に発信されています。場合によっては、上司に言いにくいこともあるでしょう。そこで、全世界の社員がアクセスできる通報窓口も設けています。

○熊本地震での工場被害、社会とのコミュニケーション

――あらゆる企業にとって、リスクに直面したときのコミュニケーションのあり方は大きなテーマです。社会やステークホルダーとのコミュニケーションの具体例をお聞きしたいと思います。例えば、熊本地震のときには、主力事業であるイメージセンサーの工場が大きな被害を受けました。当時の状況、コミュニケーションの実態について振り返っていただけますでしょうか。

熊本地震は２０１６年４月に起こりました。いま振り返れば反省点はもちろんありますが、当時としては精いっぱいのことをしたつもりです。初動対応としては、まず従業員の安全確認。次に、被害状況の確認に注力しました。ただ、具体的なダメージを把握するのは容易ではありませんでした。イメージセンサーの製造プロセスでは、特殊な薬品も使われます。地震によって、そうした薬品が散乱している可能性もありますし、建物が崩れてくるかもしれません。建物内部が安全かどうかを確認する必要があるのですが、余震が続いたこともあり、すぐに建屋内に入ることはできませんでした。

工場の被害状況や復旧の見通しは、当社の業績にも大きな影響を与えます。こうした情報についても、プレスリリースで発信すると同時に、東京証券取引所にも報告。情報開示は、すべて日本語と英語で同時にグローバルに発表しました。私たちとしては現場と緊密に連携をとりつつ、できるだけ早く、正確な情報を発信することを心掛けました。

——復旧時期の正確な見通しは、被害状況の把握以上に難しいのではないかと思います。

特に復旧の時期については、メディアや投資家をはじめ世の中の関心が非常に高かったように思います。不確実な情報を発信することはできないので、「いつごろ復旧する予定です」といったことはすぐには言えませんでした。

地震が起きたタイミングは3月末で年度が終わり、２０１５年度の決算を４月下旬に発表する前の段階でした。年度末の決算発表では16年度の見通しを含めて提示することができず、１カ月ほどお待たせすることになりました。

結果として２０１６年度を通して見ると、当初の損失見込みはかなり圧縮することができました。将来予測の難しさを実感した次第です。

○インターナルなブランディングの重要性

――世の中の人たちがソニーという会社を見る目には一種独特のものがあると思います。一言でいうと、期待値が非常に高い。平均的な商品やサービスでは、消費者は満足してくれません。いろいろご苦労が多いのではないかと思います。

世の中の期待が高いことは非常にありがたく受け止めていますが、当社としては自分たちの目の前の業務に邁進するほかありません。先ほど述べたように、

外部だけでなく、
内部でのブランディングにも
注力しています。

量を追うのではなく、高品質、高付加価値の商品やサービスづくりにプライドを持って取り組む。その結果として、「ソニーらしいね」、「ソニーならではだね」と評価していただけるようなものを生み出していく。そうした一つひとつの積み重ねが、期待に応えるための道なのだと思います。

平井はよく「機能価値と感性価値」という話をしています。機能が優れているだけなら、多くのメーカーが同じようなものをつくることができます。それでは、多くの類似商品の中に埋没してしまうでしょう。

そこで、機能だけではなく、感性的な価値を付加して提供しましょうということ。感性的な価値はデザインかもしれませんし、触ったときの質感かもしれません。お客様の期待値を上回るためには、そうした違いを生み出し続ける必要があると思います。

商品やサービスをつくっているのは、それぞれの現場の社員たちです。外部だけでなく、内部でのブランディングにも注力しています。

――インターナルなブランディングの中で重視していること、工夫していることなどについてお話しください。

グループ全体の社員は、世界全体で約12万人です。全世界の社員にきちんとビジョンを届けることが重要ということで、近年、インターナルなブランディングに特に力を入れています。

まずは、ソニーの戦略や方向性を一人ひとりが理解し、納得することが重要。その上で自分自身の業務に落とし込み、社員、各部門が協力することで、前向きなエネルギーを最大化することができるはずです。とはいえ、これだけ多くの社員の理解をタイムリーに得るのは容易ではありません。

本社部門で働いている社員であれば、全体を見渡すことができるかもしれませんが、多くの事業部門で働く社員は、当然自身の業務や組織に集中しているので、トップマネジメントのメッセージや会社全体の方向性を肌で感じることは難しいかもしれません。

そこで、グループ向けのイントラネットでは、毎日最低一つは何らかの新しいコンテンツをアップしており、戦略に関わるテーマ、あるいは各事業の動きなどを伝えるようにしています。社長のメッセージは、ブログの形で発信しています。国内については、グループ向けの情報誌「Family」もあります。社員に読んでもらうための情報誌ですが、できれば持ち帰ってもらって家族の方々にも読んでもらいたい。そんな狙いを込めて、「Family」では読みやすく分かりやすい編集を心掛けています。

○SAPで吸い上げたアイデアを事業化に導く

――最近は「ソニーが面白いことをやっている」という声を聞くことが多いのですが、象徴的なものとしてSAP（Seed Acceleration Program）があると思います。SAPの狙いや成果について説明してください。

これも、平井が社長に就任してから始まった施策です。かつては、エンジニアが仕事の合間に試作をつくって、「こんなのができましたけど、どうですか？」と提案するようなケースもあったようです。その種の話は、いまでも伝説のように語られたりしています。

現在のモノづくりでは、同じようなやり方を実行するのはかなり難しいでしょう。数十年前に比べると組織自体が大きくなり、商品がデジタル化し、ソフトウエアの塊のようなものも増えています。こうした中で、「自分がやりたいことができない」、「アイデアを発信する場がない」と思っている社員もいるでしょう。平井自身、若手社員たちと話をする中で、そうした声を聞くことが多かったようです。

そこで、いまのソニーに適合する形で、現場の多様なアイデアをシステマチックに吸い上げ、事業化への道筋をつけられるような仕組みを考えました。こうして生まれたプログラムがＳＡＰです。ＳＡＰには、今年３月までの累計で１６００人から６００件ほどの応募がありました。

もちろん、すべてのアイデアが採用されるわけではありません。ソニー社内だけでなく、社外の有識者にも加わっていただき審査を行います。現段階では、13のアイデアを事業化しました。

小さいとはいえ、一つの事業をマネージする経験は貴重です。社員がそうした能力を磨く機会をつくるというのも、ＳＡＰの狙いの一つ。会社の規模が大きくなると、組織全体を運営するような立場に就くまでには相当の時間がかかりますが、ＳＡＰ発のビジネスであれば十分可能です。ＳＡＰでマネジメント能力を磨いた社員たちが、今後大きく飛躍することが期待されています。

ＳＡＰを開始したのは２０１４年４月です。業績面ではまだ厳しい状態が続いていましたが、業績が回復してから始めたのでは新規事業は周回遅れになるかもしれませんし、アイデアを温めてきた若手の情熱が冷めてしまうかもしれません。ＳＡＰをスタートした当初は苦しい時期ではありましたが、だからこそ、こうした取り組みによってトップの本気を社内に示す必要があったのだと思います。

――1600人から600件の応募というのはすごい数ですね。

多くの社員が情熱を持って手を挙げています。中には、情熱はあってもアイデアが十分に練られていなかったり、プランの詰めが甘かったりするケースもあるでしょう。しかし、社内を見渡せば、豊富なノウハウを持つ先輩社員たちが多くいます。若手が面白いアイデアを何とか形にしようとしている姿を見ると、先輩たちは協力したくなるようです。審査をパスしなかったアイデアでも、周囲の協力を得てプランをバージョンアップし事業化へと進むかもしれません。

○強いブランドの価値をさらに高めていく

――事業化された場合、どの程度の大きさのチームが編成されるのですか。また、ＳＡＰから事業になった代表的な事例についてご紹介ください。

専属のメンバーは数人程度というチームがほとんどです。もしベンチャー企業であれば、経理や法務のような業務の担当者も必要になるでしょう。しかし、あくまで社内の新規事業なので、ソニーのマネジメントプラットフォームを活用することができます。よってそれほど大人数のチームは必要ありません。スモールスタートがＳＡＰの基本的な考え方です。

　代表的な事例の一つとしては、２０１６年6月に販売を開始したwena wrist（ウェナリスト）があります。発売に先立って行われたクラウドファンディングで1億円を超える支援をいただき、事業化に踏み出しました。ウェナリストは腕時計本体ではなく、バンド部分にＩＣを埋め込んだもので、電子マネー機能やスマホに着信したメールを通知する機能などを搭載しています。

　時計とバンドを組み合わせた商品としても提供しますが、バンドだけを買って自分の腕時計に取り付けることもできる。スマートウォッチの一種ですが、スマートな機能はすべてバンドが担っています。スタイリッシュなデザインも好評のようです。

——クラウドファンディングの場になったのは、ソニーのFirst Flight（ファースト・フライト）ですね。

そうです。ファースト・フライトは、チャレンジャーとサポーターが共創する場と位置づけられています。まずは、多くの人たちに知っていただき、次のステージとしてクラウドファンディング、さらにECへと進みます。ファースト・フライトはこれまで、ソニー内部のアイデアと消費者をつなぐ機能を果たしてきましたが、今後は外部の企業にも開放する予定です。他社のチャレンジャーにも、参加を呼び掛けようと考えています。

――先ごろ、犬型ロボットaibo（アイボ）の復活が発表されました。発売を心待ちにしているファンは多いと思います。

２００６年に一度は撤退した事業ですが、２０１８年1月に販売を開始します。おかげさまで、ECサイトでの最初の予約受付ではすぐに完売しました。実は、10年前の撤退以降も、社内には「ロボットをやりたい」という技術者が多くいました。そうした声が高まってきた中で、トップが再チャレンジすることを決断しました。平井自身、何度も開発現場に足を運んでいました。

――最後に、ソニーというブランドについてうかがいます。ソニーブランドの強さの源はどこにあるのでしょうか。シンプルな言葉で言い表すのは難しいと思いますが、今田さんの考えをお聞かせください。

確かに難しいですね。やはり、創業者そして先輩たちが偉大だったのだと思います。冒頭にもいいましたが、ソニーは多種多様なビジネスを行っています。共通軸を探してみると、「S・O・N・Y」の4文字しかないような事業がたくさんあります。この4文字の求心力は強力です。

皆さんがソニーと聞いて思い浮かべるものは様々でしょう。それはウォークマンかもしれませんし、サイバーショットやプレイステーションを思い出す人もいるはずです。具体的な商品やサービスではなく、「面白い」とか「先進的」といった抽象的な言葉をイメージする人もいるかもしれません。また、企業としてチャレンジしてきたことが、ブランディングにつながっている側面もあると思います。音楽や映画への進出、海外企業の買収なども、当時の日本企業としては珍しいことでした。

様々な積み重ねの結果として、現在のブランドが形づくられてきたのでしょう。先輩たちが育てたブランドの価値をさらに高めるために、これからも挑戦し続けなければならないと思います。

図4-1 ソニーの主な事業分野

モバイル・コミュニケーション（MC）

ゲーム＆ネットワークサービス（G&NS）

●ハードウエア ●ネットワーク ●その他

イメージング・プロダクツ＆ソリューション（IP&S）

●静止画・動画カメラ ●その他

ホームエンタテインメント＆サウンド（HE&S）

●テレビ ●オーディオ・ビデオ ●その他

半導体

映 画

●映画製作 ●テレビ番組制作 ●メディアネットワーク

音 楽

●音楽制作 ●音楽出版 ●映像メディア・プラットフォーム

金 融

～インタビューを終えて～ Viewpoint of the Specialist

スクラップ＆ビルドを成果に結びつけた戦略

ビジネス書の古典と評される『ビジョナリー・カンパニー』（ジェームズ・C・コリンズ／ジェリー・I・ポラス著）の日本語版は、1995年に出版されました。「時代を超える生存の原則」という副題の通り、同書は長期にわたって群を抜く成長を続けたビジョナリー・カンパニーの秘密に迫りました。そこには、ビジョナリー・カンパニー18社のリストが掲載されています。3MやGE、ディズニーなどと並び、非米国系企業として唯一名を連ねているのがソニーです。

そんなソニーにも冬の時代が訪れました。ソニーに対する期待値が非常に高いだけに、メディアやユーザー、株主などからは厳しい声が多く上がりました。しかし、最近はソニーの好業績、SAPやアイボの復活などに見られる新機軸を受けて、その声は称賛へと変わりつつあります。

2012年に平井一夫氏が社長に就任してから「ソニーを変える。ソニーは変わる」というメッセージを打ち出し、構造改革を推進したことにより、ソニーの事業ポートフォリオは大きく変化しました。中長期的な戦略に基づき、平均的な組織内経営者なら先延ばししたかもしれない痛みを伴う施策を断行する一方で、イメージセンサーや医療など成長分野には大胆な投資が行われました。果敢に実行されたスクラップ&ビルドが、いま実を結びつつあります。

ソニーというと斬新なアイデアや先進的なテクノロジーが注目されがちです。もちろん、ソニーの商品・サービスには魅力的なものが数多くありますが、会社的魅力を支える戦略やマネジメントの確かさにもステークホルダーは注目しています。それが、今回の魅力度調査でソニーが会社的魅力において高評価を得た理由ではないでしょうか。

いま多くのメディアが「ソニー復活」を囃していますが、新しいステージの幕は上がったばかりです。困難を乗り越えたソニーの躍動は、これから本格化するはずです。ビジョナリー・カンパニーの回復の物語は、やがて多くの研究者や著述家によって語られることになるでしょう。

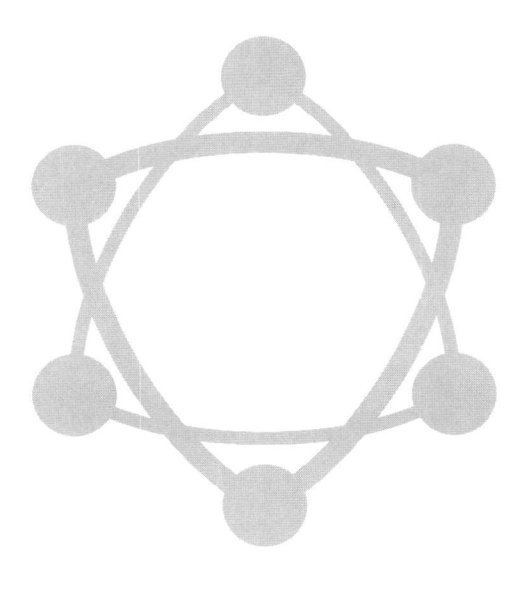

— CHAPTER 5 —

3つの魅力の要素3
商品的魅力

CASE 3

[日清食品]

STRATEGIC THINKING ON
BRAND MANAGEMENT
Tactics to Enhance Attractiveness and
Boost Corporate Value

CASE 3

日清食品

深澤勝義氏

尖ったアイデアを社内で競い合い、創造性を高める

奇抜なマーケティング施策で独創性と革新性を支える

COMPANY PROFILE

日清食品グループの中核事業会社。1958年、世界初のインスタントラーメン「チキンラーメン」を発売。以来、即席麺のリーディングカンパニーとして存在感を示してきた。「100年ブランドカンパニーへの挑戦」をスローガンに掲げ、各ブランドのさらなるパワーアップに注力している。2019年12月にはIoTやロボティクスなどの最新技術を取り入れた関西工場が完成予定で、さらなる生産性向上が期待されている。

日清食品の攻めの姿勢が注目されている。尖った商品を次々と世に送り出し、CMやソーシャルメディアを通じて人々を振り向かせる奇抜なメッセージを発信する。一般的には保守的といわれる食品業界において、そんな同社のやり方は目立ちすぎているほどだ。日清食品の独創性や革新性を支えているものは何か、同社取締役マーケティング部長の深澤勝義氏に聞いた。

「Creative, Unique, Happy, Global」

——食品業界というと全体的に保守的な印象がありますが、日清食品は尖った商品やマーケティング施策でアグレッシブに攻め続けています。その根底にある考え方やマインドについてうかがいます。

日清食品は非常に右脳的な会社で、感性を大切にしています。当社は「大切な4つの思考」として「Creative（クリエイティブ）」「Unique（ユニーク）」

日清食品
取締役マーケティング部長
深澤勝義氏

1986年花王株式会社入社。30年に及ぶマーケティング歴のなか、ヘアケア部門では「アジエンス」「セグレタ」などの新ブランドを立ち上げ、「エッセンシャル」「メリット」など数々のロングセラーブランドを再生。2位に沈んだ花王のポジションを断トツのトップメーカーに押し上げた。ファブリックケア部門では苦戦していた液体洗剤市場に超濃縮の「アタックNeo」を投入、社会貢献価値も含めた新市場創造を図る。2016年に現職である日清食品株式会社取締役マーケティング部長に就任。『サイエンスとアートを融合した新時代のマーケティング』を実践。日本マーケティング学会理事。

「Happy（ハッピー）」「Global（グローバル）」というキーワードを掲げています。クリエイティブかつユニークであれ、人々をハッピーにしよう、グローバルな感覚を持って実行しようということです。

こうした考え方は商品開発や広告宣伝の現場だけでなく、社内のあらゆるところで徹底されています。それぞれの部門、それぞれの社員の中に独創性や革新性を追求するマインドが根付いている。それは一朝一夕にできることではなく、「チキンラーメン」「カップヌードル」を発明して新たな「食」を創造した創業者の安藤百福から受け継ぎ、長い年月をかけて醸成してきた独自カルチャーがあるからです。

――「チキンラーメン」「カップヌードル」など、日清食品には多くの長寿ブランドがあります。世代を超えて多くの人たちからブランドが親しまれるために、どのような点を意識しているのでしょうか。

チキンラーメンが生まれてからほぼ60年です。カップヌードルは46年、比較的若い日清ラ王でも25年になります。一般的に、ブランドのライフサイクルは30年といわれます。成長期や成熟期を経て、衰退期に入っていく。このサイクルに逆らうのは、容易なことではありません。なぜなら、生まれたときから存在しているブランドに対して、若者は保守的なイメージを抱きがちだからです。放っておけば、そのブランドはやがて若者の支持を失い、その若者たちが親になるころには忘れられてしまう。

当社の商品ブランドの多くがいまも成長を続けているのは、時代に合わせてブラッシュアップし続けてきた先輩方の努力の賜物です。私たちはその上に新しい歴史を積み重ねて、「100年ブランド」を築きたいと考えています。すべての世代から親しまれ愛されるブランドでありたい。そのためには、次世代のユーザーとなる若者層へのアプローチが非常に重要です。

――どうすればデジタルネイティブといわれる世代に訴え、共感を獲得することができるでしょうか。

当社の場合、ベースにあるのは危機感だと思います。社員一人ひとりが努力を怠ればブランドは衰退するという意識を持ち、創造性を発揮して日々の業務に取り組んでいます。そのカルチャーがあるからこそ、様々なチャレンジができるのです。また、思い切った施策を打てるのは、安藤徳隆社長による意思決定の早さ、垣根のない議論、会社としての一体感など、さまざまな背景があるでしょう。だからこそ、デジタルネイティブ世代の感性にもフィットすることができるのだと思います。

○企業カルチャーが、独創的な商品開発の土壌

――商品そのものの独創性、革新性についても、日清食品の魅力は高く評価されています。研究開発から商品化までの過程には、何カ所かのゲートがあると思います。一般に、尖ったアイデアほど、どこかの段階でゲートキーパーに弾かれてしまうケースが多い。おそらく、日清食品には埋もれそうなアイデアを「面白い」といって拾い上げる仕組みがあるのではないかと思うのですが。

拾い上げるシステムのようなものはありません。少なくとも当社では、不要だと思います。おそらく、最も大事なのはカルチャーや個々人のマインドセットといったものでしょう。

もちろん、食品メーカーですから安全・安心が絶対条件です。安全・安心を担保するために、様々な仕組みを用意し工夫を重ねています。だからこそ、思い切ったジャンプができるという見方もできるでしょう。例えば、商品開発な

どの会議では「もっと尖った味にできないか」といった、クリエイティビティやユニークさを求める声が飛び交います。

即席麺の業界では年間７００〜８００の商品が登場するといわれており、当社では年間約３５０もの商品を発売しています。これは1年間、毎日新しい商品を世の中に送り出している計算になりますが、そのすべてに日清食品らしい独創性やユニークさを盛り込んでいます。

広告や宣伝などのコミュニケーションについても、同じことがいえると思います。一般に、意思決定のプロセスが進むにつれて、尖った部分は丸くなりがちです。現場の担当者が20代に刺さるメッセージを考えても、課長から部長、さらに役員レベルに上がっていくにしたがって、もともとの提案が持っていた刺激は弱められてしまいます。大きなブランドになるほどリスクを冒せなくなり、結果として当たり障りのない広告ができるという具合です。

同時に、意思決定までのスピードがどうしても遅くなってしまいます。ソーシャルメディアが発達した今の時代、情報の鮮度が落ちるまでの時間は非常に短くなっている。その危うさを強く意識するからこそ、独創性や革新性を持ち続けられるのでしょう。

――最近ヒットした独創的な商品の例を紹介してください。

例えば、「カップヌードルビッグ〝謎肉祭〟」は、通常のカップヌードルビッグに比べて肉の量を10倍にした商品です。謎肉というのはカップヌードルにも入っている具材で味付豚ミンチのこと。もともとはネットユーザーが使っていた言葉ですが、それを商品名に取り入れました。そこには、ネットユーザーを驚かせ一緒になって楽しみたいという意志が反映されています。

また、昨年ヒットした商品としては「カップヌードル リッチ」があります。この商品はシニア層を主たるターゲットにしていますが、リッチや濃厚といった言葉を前面に出しています。シニア向け食品というと減塩とかヘルシーといったワードを打ち出すのが普通ですが、「カップヌードル リッチ」は逆。シニアをひとくくりにせず、おいしさや質の良さを求めるアクティブシニア層をターゲットにしているからですが、こうしたアプローチも独創的だと思っています。

２０１７年秋に発売した「お椀で食べるカップヌードル３食パック」「お椀で食べるチキンラーメン３食パック」「お椀で食べるどん兵衛３食パック」も好評です。今のシニアは豊かな食生活に対する欲求が強く、食が細くなってたくさんは食べられないが、少しずついろいろな料理を食べたいと思っている。そうしたニーズに応えるべく、小容量の麺と具材をセットにして、少しだけ食べたいときや、食事にもう一品加えたいときにちょうどいいサイズの商品として生まれたのが、この「お椀で食べる」シリーズです。もともと持っている商品に違う角度から光を当てて生まれた新商品です。食品業界に限らず、ここ数十年のヒット商品を眺めてみると、従来からの商品を違った発想で捉え直して生まれたものが増えているような気がします。

○スピード重視、トライアル&エラーで前進する

――時代の変化や生活者の興味関心を捉え、商品を市場に出すためには、トップダウンのスピーディーな意思決定が重要です。日清食品では、どのような場で意思決定が行われているのですか。

様々なレベルでの意思決定がありますが、マーケティングの実務においては社長も出席する週次ミーティングが大きな役割を担います。1時間ほどの会議ですが、毎回15～20程度のテーマを話し合い、次々に意思決定が行われます。

社内に、
「迷ったら突き進め。間違ったらすぐ戻れ。」
という言葉があります。
トライアル＆エラーで前進するしかないです。

議題はパッケージデザインもあれば、ウェブコミュニケーションの具体案など様々です。年間350もの商品を出していますし、定番商品のマーケティング施策なども検討するので、これくらいのスピード感を持って決めないと追いつきません。

マーケティングに関する戦略レベルの議題は、月2回の頻度でトップを交えて話し合っています。そこには、マーケティングの責任者として私も参加します。中期的なブランドの戦略や方向性が話し合われています。

ほかにも、東京・八王子市にある日清食品グループの研究開発施設「the WAVE」で開催される会議には、日清食品ホールディングスの安藤宏基CEOや日清食品の安藤徳隆社長をはじめ、研究所長や営業部門トップ、ブランドマネージャーなどが月に一度集まり、最新の研究テーマなどについてワンテーブルで議論を交わします。

世の中の変化が早い時代、意思決定のスピードはますます重要になっています。検討のプロセスを短縮すれば、失敗することもあるでしょう。しかし、社内に「迷ったら突き進め。間違ったらすぐ戻れ。」という言葉があるように、トライアル&エラーで前進するしかないと思っています。失敗した場合には原因の検証もしますが、それよりも次々にチャレンジを続けることが大事だということです。

○ブランド間の健全な競争を促す

――日清食品は、早い時期からブランドマネージャー制度を取り入れた日本企業として知られています。ブランドマネージャーの役割について説明していただけますでしょうか。

当社のブランドマネージャー制度は、日清食品ホールディングスの安藤宏基CEOが、1990年にそれまでのプロダクトマネージャー制をあらためて導入したものです。

袋麺やカップ麺といった大きなカテゴリーを一人のマネージャーが担当するプロダクトマネージャー制は、細かな商品にまで目が届きにくくなる。結果として、成功するかどうか分からない新商品を開発するよりも、効率的に利益を生み出す既存の主力商品を売ればなんとかなるという、甘えの構造を生むことになりました。

そこで、ブランドマネージャーをトップとしたグループを8つ作り（現在は11グループ）、それぞれに2～3つのブランドを専門的に担当させ、それぞれのブランドの利益を最大化させるため互いに競い合わせることにしたのです。

つまり、日清食品のブランドマネージャー制度は、徹底した社内競争が最大の特徴です。例えば、カップヌードルと日清のどん兵衛、日清焼そばU.F.O.は、それぞれ別のブランドマネージャーが担当しており、お互いがライバルです。

ブランドマネージャーには「ブランドカンパニーの社長」としての役割が与えられ、宣伝や営業、開発など、社内のあらゆる部門との交渉を担います。担当するブランドごとで売上と利益を管理する必要がありますから、経営視点の判断力も要求されます。

当然ながら私の立場ではブランド全体の最適化を考えていますが、社内で潰されるようなブランドでは、市場で生き残れないというのが基本ポリシー。ですから、「打倒！カップヌードル」を合言葉に、お互いの足を引っ張り合うのではなく、お互いのやり方や成果を見ながら、それを励みにして自分たちのモチベーションを高めていく。そのような形で、社内競争が機能しています。

○基本ルールは、社内調整をしないこと

――年間350もの商品を出すとなると、似たような商品を、別々のグループが企画することもあると思います。その場合、どのように調整するのですか。

例えば、Aのグループがカレー味の新商品を企画したとしましょう。同時期に、Bのグループも同じような商品を出したいと考えていた場合、多くの企業ではゲートキーパーが調整役となり、どちらかの商品を選んでリソースを集中し、効率化を図ろうとするのではないかと思います。当然、取引先である流通各社としても、一つに絞ってもらったほうが売りやすいはずです。

しかし、当社では新商品の開発については、「他人に潰されるくらいなら、自ら破壊せよ。」を合言葉に、社内で事前調整しないのが基本ルール。商品化の判断は月に一回開催される新製品委員会で最終的に決定されますが、そこで承認さえ得られれば、何でもありというスタンスです。つまり、AグループとBグループは、それぞれ発売したいと思うカレー味の商品を出すことができる。各グループが同じような調査を行い、会社としてダブルコストになっている

ケースも少なくありませんが、それで良い商品が生まれるのであれば、そうした非効率や不公平はむしろ歓迎されます。

そうなれば、AとBのチームの競い合いは社内にとどまらなくなります。ブランドマネージャーが率先して流通各社にプレゼンし、必死で自分たちの商品を売り込みます。社内事情を外に持ち出すわけですから、流通各社には手間をとらせて迷惑を掛けることになるのですが、こうした競争構造こそがブランドの活力を生むと私たちは考えています。

――なるほど。新商品の開発について、社内で事前調整はしないのですね。ほかにも特徴的な仕組みはあるのでしょうか。

「ブランドファイトシステム」も当社のユニークな制度のひとつです。ブランドマネージャーがブランドを独占できないようにするため、他のブランドマネージャーが持っているブランドであっても、社内でロイヤルティーを払えば使うことができる。ブランドマネージャーは、自分のブランドについて常に新しい価値を生み出そうと必死になる一方で、他のブランドを利用してさらなる売上アップを図ろうという意識も生まれる。甘えの構造を排除するために、社内で危機感をあおり続けています。

○「本社破壊CM」と「10分どん兵衛」

――日清食品は話題づくりやソーシャルメディア活用のうまさでもよく知られています。例えば、本社屋がビームで破壊されるCMは多くのソーシャルメディアユーザーなどに共有されました。また、マキタスポーツさんの提案からスタートした「10分どん兵衛」も大いに盛り上がりました。

本社が破壊されるCMは、2016年の暮れにオンエアしたカップヌードルの「OBAKA'S大学卒業式篇」です。このCMを告知するため、ソーシャルメディアに「ビーム誤発射により、本社がこのような状況となったため、弊社は本日より正月休みとさせていただきます」と投稿したところ、多くのネットユーザーがシェアやリツイートしてくれて大きな話題となりました。

「ふざけている」と反感を持つ方もいらっしゃると思いますが、こうした情報を発信するとき、単に「新CMがオンエア開始！」というだけでは不十分です。周囲の人たちに伝えたくなるような、それをネタにしてみんなで盛り上がりたいと思わせるような文脈や工夫が必要。その仕掛けが強烈であれば、それだけで話題が拡散し、あとは情報が増殖して話題が自走してくれます。このような話題拡散を起こすコミュニケーションのメソッドは、ソーシャルメディア時代に欠くことのできない重要な要素です。

当社ではテレビCMを一度だけしかオンエアしないことも多くあります。コミュニケーションの「種」を日清食品らしいユニークさで練り上げ、若者の興味をそそる文脈にブラッシュアップして作り上げたものであれば、1度きりのオンエアであってもCMの話題が拡散し、大きな効果に結びつきます。私が長年勉強してきたマーケティングの枠組みでは、広告をどれだけ投入すれば認知が何％伸びて、結果として売上がどれくらい伸びるかといった算盤を弾くことができました。いまでは、そうした従来型の説明が通用しなくなっています。コミュニケーションのあり方が変わり、それに伴って価値の作り方も変わってきています。

２０１５年11月から翌年春にかけて話題になった「10分どん兵衛」は、ソーシャルメディアをはじめとしたネットのインパクトが示された好例でしょう。お湯を注いでから5分というのが、「日清のどん兵衛 きつねうどん」の基本的な食べ方です。ただ、どん兵衛の麺は独自の製法でつくられた、太く、つるみと粘りあるコシが特徴で、たとえ10分経ったとしてもおいしく食べることがで

若年層に「日清のどん兵衛」という
ブランドを強烈に
印象づけることにも成功しました。

きる。タレントであるマキタスポーツさんの発言をきっかけに、多くのお客様が実際に試して、「自分もやってみたけど、おいしかった」といった感想がソーシャルメディアでジワジワと広がっていきました。

さらに、マキタさんが「日清さんはどう考えているんだろう」と発言していることを知り、すぐにマキタさんとどん兵衛のブランドマネージャーの対談をセッティング。その10日後には、公式サイトにお詫び文と対談の内容を掲載しました。「日清食品は10分どん兵衛のことを知りませんでした。5分でお客様においしさを届けるということに縛られすぎていて、世の中の多様性を見抜けていなかったことを深く反省しております」といった文面です。

マキタさんの最初の発言から、わずか1カ月でレスポンスした形です。おそらく、普通なら2、3カ月かかるのが当たり前ではないでしょうか。反応のスピード感と日清食品らしい遊び心、そして10分どん兵衛は食べてみないと美味しさが分からないという文脈が結びついたことで、どん兵衛の売上は大幅にアップ。若年層に「日清のどん兵衛」というブランドを強烈に印象づけることにも成功しました。

実は、ネットやソーシャルメディアでの仕掛けに対して、社内に懐疑的な声も少なくありませんでしたが、そうした空気を10分どん兵衛が大きく変えてくれたと思います。やり方次第で爆発することもあるということを、多くの部門の社員が実感するようになったのです。

○空中戦と地上戦、サイバー戦

――先日は、「音彦」というフォークが注目されました。麺をすする音をカモフラージュするという斬新な機能を搭載したフォークですが、販売方法にもクラウドファンディング方式を採用されるなど、非常にユニークな取り組みでした。

音彦はマーケティング部のＥＣチームで考えた企画です。「ヌードル・ハラスメント」に着目した前代未聞のフォークは、発表直後から大きな反響を呼び、ソーシャルメディア上で「エイプリルフールには半年早い」「吹いてしまうから、電車の中でＰＶを見るの禁止」と面白がる声から、「麺をすするのは日本の文化。海外基準に合わせる必要はない」といった真剣な反応まで、さまざまな意見が飛び交いました。その盛り上がりはネットだけにおさまらず、国内のテレビや新聞で報道されたほか、外電で配信され海外メディアにも取り上げられるなど、予想以上の大きな反響を呼びました。

音彦に限らず、プロモーションにあまりお金をかけられないブランドや商品も数多くあります。そうした場合は、コンセプトやアイデアで勝負する必要がありますから、どうすれば話題になるか、面白がってもらえるかを考え続けています。空振りすることもありますが、チャレンジしなければヒットは生まれません。

最近では、当社が発信した情報が月に10回以上、ヤフーのトップページに掲載されることもあります。ソーシャルメディア時代のマーケティングのあり方は最近のホットなテーマですが、日清食品はその先頭を走っているという自負を持っています。

――ネットの重要性が高まっている一方で、日清食品はテレビCMなど既存メディアでも存在感があります。様々なメディアをいかに組み合わせて、最大の効果を上げるか。各社ともに悩んでいるテーマですが、日清食品の考え方はどのようなものでしょうか。

大きく3つのフィールドがあると思います。まず、テレビCMや既存メディアですが、私たちはこれを「空中戦」と呼んでいます。そして、営業部門が流通各社を回って行う「地上戦」、ネットを舞台にした「サイバー戦」があります。最初のきっかけはＣＭだったり、ソーシャルメディアの公式アカウントによる投稿だったりと様々ですが、そこで投じた話題がメディアを超えて増殖し拡散することで多くの人々に伝わります。

先ほどお話しした「OBAKA'S大学卒業式篇」の場合は、空中戦でスタートしました。本社がビームで破壊される映像を見た人たちによる「日清食品のＣＭ、安定的に狂ってるｗｗｗ」といったコメントがフェイスブックやツイッターで拡散。さらに、公式アカウントから「ビーム誤発射により本日から正月休み」と告知をかぶせることで情報の増殖が加速していきます。こうした状況になると既存のマス媒体が注目し始め、ワイドショーなどでも取り上げられていく。ロイヤルユーザーの共感は一層高まり、ノンユーザーはカップヌードルに興味を持ってくれるでしょう。こうして、カップヌードルに対するマインドシェアが高まり、やがて購買行動へとつながっていきます。

一つの話題がメディアを縦横無尽に自走し、最終的には地上戦＝営業活動を有利に展開できるような状況をつくる。マーケティング施策の立案や実行に際しては、このようなサイクルを構築できるよう意識しています。

○創業者の精神を継承しつつ、変えるべきものを変える

――コミュニケーション展開においては、宣伝部門とマーケティング部門の連携が欠かせないと思います。部門間の意思疎通や方向感の擦り合わせは、どのようにして行っているのですか。

宣伝部門とマーケティング部門は組織としては別々ですが、常に一体感を持って動いています。私自身は安藤徳隆社長と宣伝部の定例会議に毎回顔を出しますし、担当者間の連携も密にしています。すでにお話ししたとおり、トップと直接議論していく中で迅速に意思決定されていきますので、両部門が整合的な動きをとりやすいということはいえるでしょう。

――外部パートナーとの連携もありますね。

もちろん、広告代理店や制作会社のクリエイティブスタッフといろいろな形でディスカッションをしています。ただ、大事なのは、我々自身が判断し、ディレクションすることです。単に話題になればよいのではなく、きちんとブ

ランドに落とし込まなければならない。結果的に多くのマーケティング施策を社内で考え、自分たちで手を動かす場面が多くなります。ときには、安藤徳隆社長自らがコピーライティングをしたり、ＣＭの絵コンテを描くこともあるぐらいですから。

――社内でやるべきことが増えれば、それだけ多くの人材を育成する必要があると思います。人材育成について、日清食品ならではの取り組みがあれば教えてください。

例えば、先に紹介した週次ミーティングです。ブランドマネージャーは全員参加ですが、その部下の新人マーケッターも会議室に入るのは自由です。ただし、社長からいつ質問が飛んでくるか分かりません。きちんと準備をして会議に臨まなければならないので、それなりの覚悟は必要だと思います。こうした場に参加したり、担当マーケッターとして社長の前でプレゼンしたりする機会は多くあるので、マーケッターにとってはいい意味で緊張感あふれる環境があるのだと思います。

――最後に、深澤さんご自身のことを聞かせてください。日清食品のどこに魅力を感じて入社されたのですか。

今回お話ししたような独創的なマーケティング施策やアグレッシブな企業姿勢など、魅力はいろいろあるので一言ではいえません。ただ、私はこれまでのビジネス経験を通じて、数多くのいい会社、そうでない会社を見てきたつもりです。その経験をもとにいえば、創業者の精神がきちんと受け継がれている会社はやはりいい会社だと思います。日清食品はそのような会社です。

創業者である安藤百福は4つの言葉を遺しています。「食足世平」「食創為世」「美健賢食」「食為聖職」です。食足世平とは食が足りてはじめて世の中が平和になる、人間の根源は食にあるということ。食創為世は世の中に新しい食文化を創造して、世の中のために尽くそうという意味です。美健賢食は、美しく健康な身体は賢い食生活からつくられるということ。食為聖職は、食に携わる仕事は聖職であり、人々の健康と世界の平和に貢献していかなければならないといっています。

こうした創業者精神は、どれだけ時代が流れても変わることはありません。変わることのない土台を維持・強化しながら、その上で変えるべきものを変えていく。マーケティング手法などは後者ですが、一つひとつの施策の中には創業者の精神が息づいていなければなりません。

Viewpoint of the Specialist

〜インタビューを終えて〜

ファクトを活かしたマーケティング施策

ブランドのライフサイクルは一般的に30年といわれる中で、「100年ブランド」の構築を掲げる日清食品。常に時代の変化や生活者の興味関心を捉え、攻めの姿勢でリニューアルを重ねてきた「チキンラーメン」「カップヌードル」「日清のどん兵衛」といった同社のブランド群は、世代を超えた多くの人たちから親しまれています。近年はさらに、CMだけでなくネットやソーシャルメディアを通じた情報発信が注目を集め、全国の老若男女から愛され続けています。

そんな日清食品のブランドや商品の魅力は、トップダウンのスピーディーな意思決定のもと、トライアル＆エラーで果敢にチャレンジを続ける独自の企業文化によるところが大きいことが、今回のインタビューを通じて鮮明に伝わってきました。

本書では、企業の魅力を高めるには「ファクト」の創出が重要であることを繰り返し述べていますが、日清食品はそのファクトを生み出す、あるいは、見出すことに長けています。特に「10分どん兵衛」などネットやソーシャルメディアで話題になっている事象をいち早くキャッチし、マーケティング施策に活かす手法は大いに参考にしたいところです。また、カップヌードルのバースデーを盛り上げる「謎肉祭」や、クラウドファンディングを活用した「音彦」など、プレミアム感を演出した話題づくりも印象的でした。

「ネットやソーシャルメディアでの仕掛けはやり方次第で爆発する」「情報発信においては周囲の人たちに『見た？』といいたくなるような何かが必要」「その何かを備えたコンテンツであれば、勝手に情報が自走していく」といった深澤氏の言葉は、まさに本書のメッセージを裏づけるものといえます。

尖った商品やユニークなコンテンツ、奇抜なマーケティング施策の一方には、食の安全・安心の追求など創業者から受け継ぐ一貫した地道な取り組みがあります。そうした企業としての信頼感が土壌にあるからこそ、突き抜けたブランド戦略にも生活者は魅了されるのかもしれません。

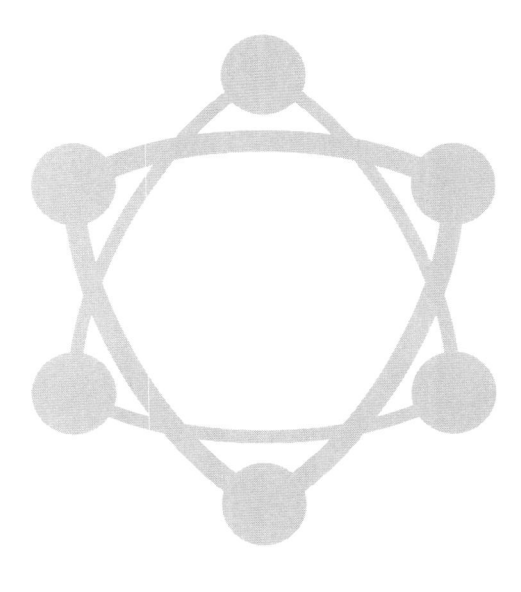

— CHAPTER 6 —

企業の
魅力の伝わり方

STRATEGIC THINKING ON
BRAND MANAGEMENT
Tactics to Enhance Attractiveness and
Boost Corporate Value

6-1

［BuzzFeed Japan］

“バズる”コンテンツをつくるためには

情報ニーズを探り実験を重ねる

COMPANY PROFILE

2006年にアメリカで設立されたBuzzFeedは、政治・経済などの独自報道から、インターネットカルチャー、ライフスタイル記事まで幅広く提供するグローバルメディア企業だ。現在は、12のエディション（版）を展開し、毎月5億人を超える人々にリーチしている。2016年1月に創刊したBuzzFeed Japanでも、ニュースからソーシャルニュース、エンターテインメント記事や動画を配信。2016年8月より料理動画メディアを運営している。

米国ニューヨークに本部を置き、世界各国の都市に持つネットワークとあらゆるデジタルプラットフォームを通じて、世界中の人々にさまざまなニュースとエンターテインメント情報を届けている「BuzzFeed」。その姿勢や手法は、企業が生活者にブランドや製品・サービスの魅力を伝える際にも参考になる部分は多いだろう。日本版創刊編集長である古田大輔氏に、魅力あるコンテンツをつくり、多くの読者とつながるためには、どのようなことを大切にし、どのような工夫を凝らしているのかを聞いた。

読者に最適化された見せ方、伝え方を考慮

――BuzzFeedは、ウェブサイトやアプリを通じてシェアされ拡散していく、いわゆる〝バズる〟コンテンツを多く提供しています。コンテンツの制作や発信にあたって、重視していることを教えてください。

「BuzzFeed Japan」創刊編集長
古田大輔氏
（ふるた・だいすけ）1977年生まれ、福岡県出身。早稲田大学政治経済学部卒業。2002年に朝日新聞社入社。京都総局、豊岡支局、社会部記者を経て、アジア総局（バンコク）、シンガポール支局長を歴任。2013年に帰国後、朝日新聞デジタル版や同社のウェブメディア「withnews」の編集に携わる。2015年10月16日にBuzzFeed Japan社による新メディア「BuzzFeed Japan」の創刊編集長に就任。

BuzzFeedでは、「人々の実生活にポジティブな影響を与える」という理念を掲げています。BuzzFeed Japanではその理念を共有しながら、「楽しくて、信頼できて、シェアされる」メディアを目指し、人と人との間にコミュニケーションを生み出すコンテンツをつくることを重視しています。

こうした理念がある上で常に意識しているのが、読者に最適化したコンテンツの見せ方や伝え方です。BuzzFeedの読者はミレニアル世代と呼ばれる18歳から34歳の方が多くなっています。日本版の場合はニュース部門もよく読まれているので、年齢層の高い方もいますが、いずれの読者もほとんどが、スマートフォンを利用しています。であれば、そのスマホで読む読者に適した形式で配信することを心掛けています。

――スマホの普及で、情報の入手経路や伝播の仕方も変わってきました。

僕は前職で新聞社の記者をしていました。新聞社ではよく「デジタルファースト」の議論がされていました。既存の紙媒体を大切にするべきか、台頭してきたデジタルを大切にするべきか。でも、このような「紙かデジタルか」の議論は、もうずっと以前に終わっている話ではないでしょうか。今は「モバイルファースト」、もっといえば「モバイルオンリー」で、大多数の人はスマホで情報を入手する時代になっています。

ただ、モバイルオンリーといえども、情報の伝播の仕方は複雑化しています。紙の時代やテレビの時代は、情報の伝達経路が単純でした。新聞なら記事が紙に印刷されて、販売店を経由して、読者のもとへ。テレビなら制作された番組が電波を通じて視聴者のもとへと、各社・各局でパッケージ化された情報が、一直線にオーディエンスのもとに届けられていたわけです。しかし、今はコンテンツ制作、流通、オーディエンスの各部分が独立していて、さらにそれらが複雑に絡み合っています。

今、ネット上のコンテンツが、ソーシャルメディアを通じてAさんのもとへ届く。それをAさんがシェアして、Bさん、Cさんへと多くの人に広がっていく。例えば、BuzzFeedのコンテンツを僕がシェアして、友人や各ソーシャルメディアのフォロワーに届き、それがさらにシェアされて、回り回って僕のところに戻ってくるなど、複雑な動きをするようになりました。オーディエンスも流通の大きな枠組みに含まれているのです

――情報の動きをメディア側でコントロールするのが難しくなっています。

確かに、それを嘆く人たちもいます。パッケージが崩壊してコントロールが

効かなくなり、一つひとつのコンテンツが浮遊するようになってしまったと。そう嘆く気持ちも分かります。でも、この流れは不可逆なものです。BuzzFeedではむしろポジティブに受け止めて、この状況の中でどのようにコンテンツをつくり、届けていくかを考えています。

その1つに、「読者がいるところに我々が出かけていく」という分散型メディアとしての考え方があります。BuzzFeedは自分たちのウェブサイトやアプリを持っていますが、それを核としながらも、FacebookやTwitter、Yahoo!ニュースやスマートニュースといった既存のプラットフォームをうまく活用していくことで、より多くの読者にコンテンツを届けています。BuzzFeed Japanがローンチしてから2年弱で、テキストコンテンツでは月間2000万人のユニークビジター、動画コンテンツでは2億ビューを獲得するまでに急成長できたのは、これが大きな要因の1つだと思います。

○オーディエンスの動向を学び、実験を重ねる

――「読者がいるところに出かけていく」ということですが、オーディエンス

の動向やニーズを探るには、どのような手法が有効でしょうか。

1つは、オーディエンスの反応を見ることですね。紙やテレビの時代とは大きく異なり、ネット上ではソーシャルメディアや各コンテンツのコメント欄など、リアルタイムでさまざまな反応を見ることができます。企業で情報を発信する立場にある方も、Facebook や Twitter、Instagram は最低限、使ったほうがいいと思います。そこで人々がどんな会話を交わしていて、どんなものが共感され、逆に反感を買ってしまうのか。実際にそこの住人になってみなければ、そうしたことは分かりません。ソーシャルメディアなどでたびたび炎上が起こるのは、端的にいえば、そこでの文化がよく分かっていないからだと思いますね。

定性的な評価と同時に、コンテンツがどれだけの人に読まれたのか、どれだけの人の心に刺さったのかといったことは、ページビューやシェア数などから定量的にはかることもできます。そうした反応やデータを見ながら、オーディエンスのことを学んでいくことが大切です。

――BuzzFeed では、独自に開発したデータ解析ツール「Pound」を活用されているそうですね。

通常のCMS（コンテンツマネジメントシステム）のほか、コンテンツがソーシャルメディア上でどのように拡散するのか、どこからコンテンツに人が流入してくるのかといったことを、可視化して計測する「Pound」を活用しています。これらのデータは編集部員みんなが見られるようになっていて、グローバルでも共有しています。BuzzFeedの全員が、誰のコンテンツが、どこで、どの程度読まれたかが分かるようになっているのです。

編集部全員がデータや数字を見られるのは、画期的なことだと思います。日本のメディアでは、データや数字は現場の人間には見せないというところも多いです。なぜなら、見せるとそればかりを気にするようになるからです。確かにその通りで、データや数字ばかりを追うようになると、ウレ筋、ウケ筋な記事を書くようになりがちです。そうなれば、記事の多様性がなくなって、メディアとしての魅力も失われていくことになってしまいます。

ですから、データが見られるようになってはいても、常にポジティブな影響を与えられているか、コミュニケーションを生み出すことができているかといった大切なことを、見失わないように徹底しています。

そのうえで、過去のデータを活かしつつ、ときにはまったく違うチャレンジをしてみる。「もしかしたら、こういうものがウケるかもしれない」という仮説を立てて、失敗を恐れずに、個々のコンテンツの見せ方を実験していくことも重要だと思います。

――具体的にはどのような実験をしているのでしょうか。

まずはいろいろな記事の書き方、見せ方を試します。その反応を見ながら、オーディエンスが本当に求めている情報は何か、その情報はどう表現したら効率的に伝わるのかを考えていく。

例えば、2017年9月に「iPhone」の新製品がリリースされた際には、1人の記者がさまざまな記事を発信しました。その1つの「本日発売! iPhone 8とiPhone 8 Plusはどっちを買えばいいの? その答えは…」という記事を読むと、ほかのメディアの記事とは違った見せ方をしているのが一目瞭然で分かると思います。

――テキストの情報量が少なく、画像を多用されていますね。

その通りです。オーディエンスが本当に知りたい情報は何かを考えていくと、機械的なスペックではないはずです。それよりも細部のデザインや仕様、カメラ機能の性能がどのくらい違うのかといったことが知りたいわけです。

「本日発売！ iPhone 8とiPhone 8 Plusは
どっちを買えばいいの？ その答えは…」の記事

BuzzFeed News Tasty Menu

本日発売！ iPhone 8とPlusはどっちを買えばいいの？ その答えは...

iPhone 8とPlus、どっちが買い？

Yui Kashima
嘉島唯 BuzzFeed Staff, Japan

今日発売のiPhone 8。最大の良さは「かわいさ」だと思いました。ほら、見て。

だって毎日使うんだよ？ かわいい方がよくないですか？

美しさの秘訣は、背面がガラスだから。側面はアルミニウムですが、その境目はおどろくほど滑らか。

スマートフォンの使い方からあなたの年齢がバレる診断
Hikaru Yoza

BuzzFeed Japan をフォローする
Facebookでいいねする
Twitterでフォローする

話題の記事

60歳を過ぎてさらにチャレンジを続ける女性たち

【異文化】アメリカと日本のフリー素材を比較してみると...

【投票】動物好き集まれ！ アニマル-1グランプリ開幕

きらきらベリーソース添え♪フロマージュ・パンダ

目を疑うこと間違いなし、食べ物の写真19選ですからこの記事では、画像を多く使用するだけでなく、トーン調整されたディスプレイの見え方を比較したり、カメラ機能で注目すべき「ポートレートモード」の性能を動画で見せたりといった工夫を凝らしています。これがほかのメディアになると、画像は本体を見せる1枚だけということが少なくありません。でも、それではどんなに文章を書いても、これだけの情報量は伝わらないんですよね。

——そうした実験の成果は共有されているのでしょうか。

BuzzFeed Japanにはいま、40人を超える編集部員がいますが、その全員が常に新しい表現の手法を考え、お互いの記事をチェックしています。ミーティングも頻繁に行い、さまざまな意見を交わしながら、ブラッシュアップしています。

——新聞などでは社会部、経済部といった役割分担がなされていますが、BuzzFeedでもそうした区分けはされていますか。

いえ、していません。それだけの人数がいないということもありますが、そもそも社会部、経済部といった区分けがされているのは、組織を効率よく回すためであって、情報の出し手の論理です。実際の世の中の情報や問題は、そう簡単には割り切れなくなっている。縦割りの分類の仕方は、今の時代にはそぐわないと思います。

社会部、経済部といった持ち場の決め方は、野球的だと感じます。打球がショートに飛んできたらショートが捕るし、サードに飛んできたらサードが捕る。だけどいまの世の中は、サッカーのようなものだと思うんです。どこにボールが飛んでくるか分からないし、そのボールを誰が追いかけても構わない。そうした中で、野球的なポジションで対応するのは難しいですよね。

○他メディアとは一線を画す視点を持つ

――企業から配信されるリリースや、オウンドメディアの情報から記事を書くこともありますか。

基本的には、現場の編集部員が各自で目を通して、記事にするかどうかは自主性に任せています。先ほどの話のように、現場で持ち場が決められていると、同業他社とのせめぎ合いの中で、「他社には載っているのに、自社には載っていない」ということが許されない場合があります。でも、BuzzFeedにはそうしたことはありませんから、それぞれが「面白そうだ」と思ったものを記事にするという判断基準になっています。

――「面白い」という判断基準は人によって異なります。

そうですね。大きくは2つの軸があると思います。1つは、自分が面白いと思うかどうか。もう1つは、世の中の人が面白いと思うかどうかです。前者はその人のセンスとしかいいようがありませんが、後者の場合は、過去の実績が参考になります。例えば、先のiPhoneなどは、新製品が発表されるたびに多くの人の注目を集めますから、そうしたものはできる限り、オーディエンスの関心に応えたいと思います。

一方で、世の中にはまだ知られていないけれど僕らが面白いと思うものを発見して、情報を発信することで、話題になるのもうれしいですね。他のメディアが書いていることは、BuzzFeedで書かなくてもいいんじゃないか。そんな思いもあります。他のメディアと同じことを書いていては埋もれてしまうし、同じような情報ばかりでは読者も飽きてしまいます。BuzzFeedの使命は「人々の実生活にポジティブな影響を与える」ことですから、世の中にまだ知られていない価値ある情報を探し出すことも、大切な役割だと思っています。

あるいは、他のメディアが次々に速報を出しているときに、立ち止まってもっと面白い切り口を探ってみる。逆に、ネット上ではすでに話題になっているのに、マスメディアが気づいていない情報を発信する。そうしたことも、BuzzFeedが得意とするところです。

――20年以上続いた人気バラエティ番組『SMAP×SMAP』が最終回を迎えたとき、他のメディアは解散も控えていたSMAPやそれまでの放送内容などに焦点を当てる中、BuzzFeedはスポンサーとして長年番組を支え続けた、ロート製薬に着目した記事を配信していましたね。

あの記事はまさに、マスメディアが気づいていない情報に光を当てた事例といえますね。「SMAP×SMAP」の番組終了が発表されたとき、ネット上にはそれを惜しむ声が数多く上がりました。その中に、番組の放送開始当初から14年間にわたって単独スポンサーとなっていた、ロート製薬に対する感謝の声も多く見受けられたのです。そこでBuzzFeedは、ロート製薬に話を聞き、ネット上ではロート製薬への感謝の声が寄せられていることを伝え、「スポンサー冥利に尽きます」といった同社からのコメントをまとめたところ、注目を集めました。

「SMAP×SMAP」の番組終了に伴う ロート製薬の記事

BuzzFeed NEWS BuzzFeed Tasty Menu

『SMAP×SMAP』最終回　ロート製薬からも感謝の声「スポンサー冥利に尽きます」

放送開始から提供を続けていました。

Takumi Harimaya

BuzzFeed News Reporter, Japan

12月26日、最終回を迎えた「SMAP×SMAP」

▲公式ページにはメッセージが掲載された

放送はこれまでの名場面や、過去の放送内容を振り返るコーナーが大半でした。

平均視聴率は23.1%（関東地区、ビデオリサーチ調べ）で、瞬間最高は5人が「世界に一つだけの花」を歌い終わったあとで27.4%に達しました。

ネット上には、番組終了を惜しむ声などが上がりましたが、その中で"ある企業"が話題になりました。

それがロート製薬です。

60歳を過ぎてさらにチャレンジを続ける女性たち

ロイテリヨーグルト

BuzzFeed JapanNews をフォローする

話題の記事

60歳を過ぎてさらにチャレンジを続ける女性たち

今年の新入社員はそんなことも知らないのか→生まれてません

【投票】動物好き集まれ！ アニマル-1グランプリ開幕

【異文化】アメリカと日本のフリー素材を比較してみると…

きらきらベリーソース添え♪フロマージュ・パンダ

ネット上で話題になっている事象は、話題にはなっているけれど、その真偽や意味するところを深掘りするのは、一般のオーディエンスには難しい。それを、BuzzFeedがひもといたり、話題の当人に話を聞いたりして記事にするんですね。

○伝えたくなる強力な「ファクト」があることが重要

――BuzzFeedが企業の情報を取り上げようとするときは、どのような点に着目していますか。

それは、その企業によりますね。例えば、こだわりのあるプロダクトや技術であったり、それを開発している人やチームが魅力的であったりと、切り取るべきところは企業によって違ってくるはずですから。ただ、共通していえることは、それがモノであれヒトであれ、人の心を惹きつける強力な魅力というか、核となるものがあることが重要です。

――本書では、生活者に企業の魅力や価値を伝えるには、イメージだけでなく「ファクト」に基づく情報発信が重要であることを訴求しているのですが、

人の心を惹きつける核も、すなわちファクトですよね。

そうですね。イメージだけでも魅力を感じる人はいると思いますが、まったくのフィクションでは難しいでしょうね。核となる重要なファクトを、受け手に最も伝わる表現の仕方で届けることが求められていると思います。

6-2

思わずシェアしたくなるコンテンツをつくるには

STRATEGIC THINKING ON BRAND MANAGEMENT
Tactics to Enhance Attractiveness and Boost Corporate Value

○「感情トリガー」を活用したコンテンツ設計を

6－1では、情報を発信するデジタルメディアの視点から、多くのオーディエンスに情報を届けるための手法や工夫のヒントを探りました。ここでは、情報を発信する側の企業の視点に立って、魅力的なコンテンツに不可欠な要素を考えていきます。

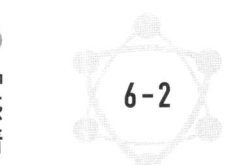

企業が自社ブランドや製品・サービスの魅力を生活者に伝えるためには、生活者がどんな情報に反応しているのかを知ることが大切です。そのために私たちは、生活者がどんな情報なら「人と話題にしたくなる＝シェアしたくなる」のか、その動機となる感情に目を向けてみました。

第1章でご紹介した図1－7は、企業魅力度調査の中で、どのようなファクトであれば感情を刺激され、さらに誰かに伝えたくなるかを聞いた結果です。その選択項目となっている10の感情「感動」「胸熱」「信じられない」「爆笑」「カッコイイ」「カワイイ」「ヒドイ」「啓発」「物議をかもす」「セクシー」は、電通グループ横断のオンライン動画専門チーム「鬼ムービー」が、YouTubeで再生回数やシェア数、コメント数などが多かったヒット動画を分析して、シェアしたくなる感情を10に分類・整理したものです。この10の感情を「感情トリガー」と名づけています。

第1章でも述べた通り、調査の結果、誰かに話したり、伝えたりしたいと思う感情の種類（複数回答）は、上位5位までは「感動」「胸熱」「信じられない」「爆笑」「カッコイイ」の順でした。そして、その中でも人に最も伝えたくなる項目を選んでもらった結果では、「胸熱」「感動」と上位の順が入れ替わり、以下は同様の結果となりました。

○コンテンツ設計の羅針盤となる「感情トリガー・マップ」

感情トリガーを具体的にイメージするために、10の感情の背景をもう少し詳しく説明していきましょう。「感動」とは、そのコンテンツの内容に感動して思わず泣いてしまったり、自分の気持ちを重ね合わせたりといったように、「共感」を伴うものです。「胸熱」とは、胸がグッと熱くなるようなもの。「信じられない」は、自分の想像を超えるような驚きのあることです。「爆笑」「カッコイイ」「カワイイ」「ヒドイ」はそのままの意味で、直感的にそう感じるもの。「啓発」は新しい考え方や行動様式を示すもので、「物議をかもす」は賛否両論の意見が湧き起こるようなものです。そして、最後の「セクシー」はいわゆるお色気となります。

これらの10の感情をマッピングしたものが、「感情トリガー・マップ」（図6－1）です。上下の軸には、一瞬のインパクトで感情を大きく動かす「驚嘆」の方向性と、心の奥深くまで届いて強い「共感」を得る方向性をとっています。左右の軸には、自覚的に考える「理性的思考」と、感覚が優先する「情緒的思考」を置き、10の感情トリガーを配置しました。なお、10の感情トリガーの円のサイズは、先述した企業魅力度調査の結果の数字に比例しています。

この感情トリガー・マップを見ると、生活者の多くがシェアしたくなるのは共感系のコンテンツで、「自分ゴト」「ポジティブ」と捉えられるものであることが分かります。逆に「ヒドイ」や「セクシー」は生活者の反発や批判を生みやすい感情です。企業の魅力を高めるという意味においては効果を生みにくいので、注意を払う必要があるでしょう。

また、感情トリガーに基づいた図1－7の調査結果からは、性別・年代別でいくつかの傾向が見られました。例えば、性別では、全般的に女性のほうが男性よりも高い数値となっていました（「セクシー」と「啓発」を除く）。「感動」「胸熱」については男女ともに他の感情よりも高い傾向がありましたが、女性の場合は「信じられない」「爆笑」「カワイイ」といった情緒的な感情トリガーも高くなっています。年代別では、若年層のほうが高く反応しているものが多く、「啓発」については60代がトップで、次いで50代、40代と、年代が若くなるにつれ低くなることが分かりました。

○感情トリガーと組み合わせる「PR IMPAKT®」

感情トリガー・マップの中央にあるのは、「PR IMPAKT®」です。感情トリガーは、生活者のどの感情を刺激してシェアしてもらうかをプランニングする際の

図6-1 感情トリガー・マップ

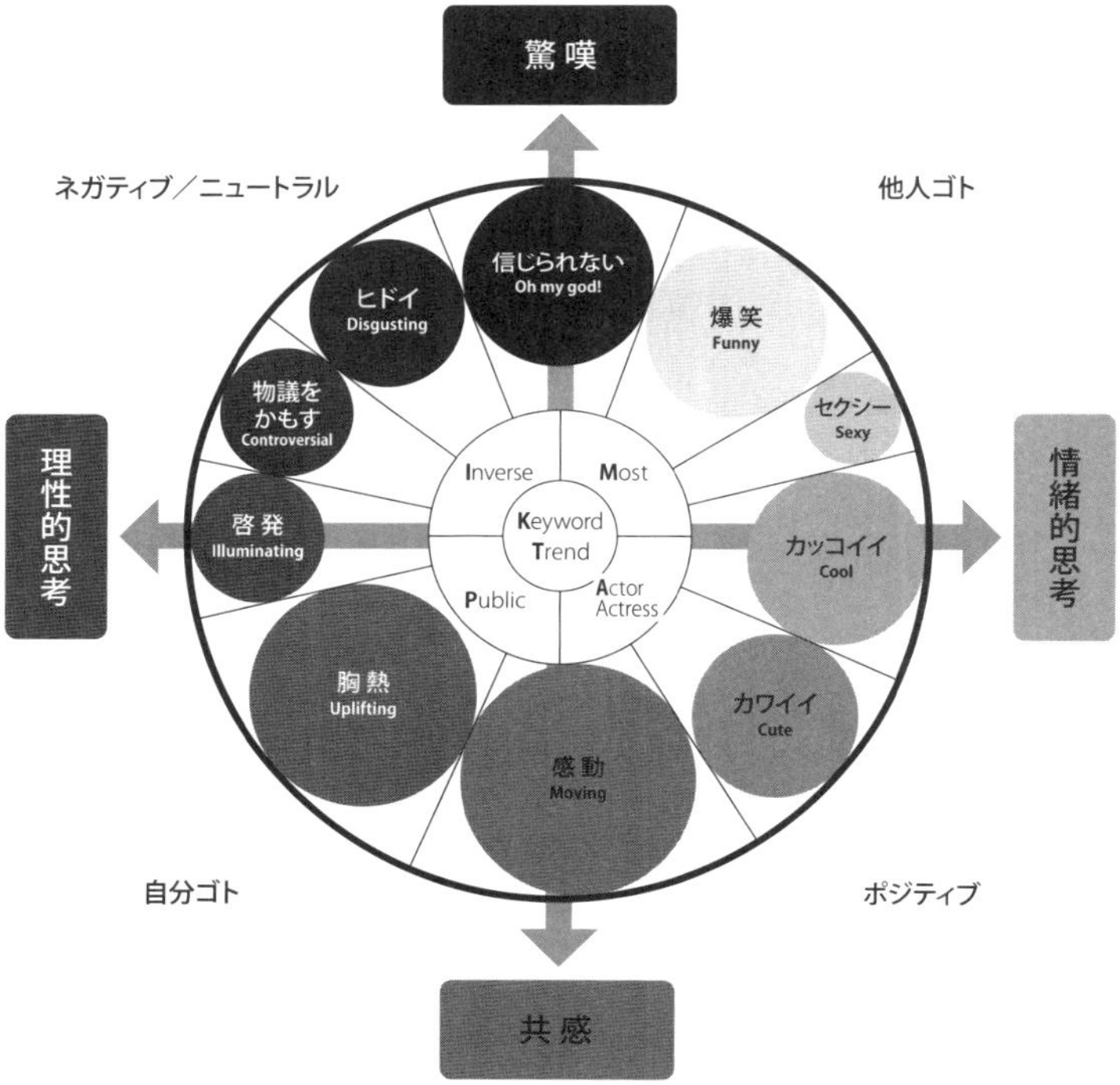

MA設問の総回答数を100とした際の各回答数の割合を罫線で表し、
その罫線に沿って円をデザインしています。

指標となります。一方、PR IMPAKT®は、ニュース価値の高い情報の切り口を6つの視点からまとめてモデル化したものです。これは電通と電通パブリックリレーションズで開発しました。名称のIMPAKTとは、その6つの視点の頭文字となっています。

ではここで、それぞれの視点について、図6－2を用いて順に説明していきましょう。

Iは「Inverse」で、逆説や対立構造を成す視点です。例えば、ホットな炭酸飲料、握らないおにぎりなどは多数のメディアに取り上げられました。このほか、世の中に認知されている対立構造を用いて話題を提供する手法もあり、「AI（人工知能）対人間の対戦」などが該当します。

Mは「Most」で、最上級や史上初といった独自の視点です。「ギネス世界記録を達成！」「世界一の○○」「日本唯一の○○」といった表現がこれに当たります。ただし、このような独自性をうたう表現をする場合には、その根拠となるデータの出典などを示す必要があります。

Pは「Public」で、社会性や地域性といった公共性のある視点です。例えば、「地方創生」といった社会的なテーマに絡めた情報は、公共性が高く、ニュース価値が高まるといえます。

Aは「Actor/Actress」で、役者の視点。役者とは、人気タレントや文化人、アスリートなどの著名人のほか、企業のトップやプロジェクトリーダーなども含まれます。情報そのもののインパクトは弱くても、役者の存在感を借りて発信することで、世間の注目を集めることができます。

Kは「Keyword」で、キーワードや数字などのデータ情報の視点です。端的で分かりやすい表現、例えば「就活」や「婚活」になぞらえた「終活」「朝活」といった造語、「理系女子＝リケジョ」といった略称なども、キーワードといえます。

Tは「Trend」で、時流や世相、季節性の視点です。分かりやすい例では、母の日や父の日、ハロウィンやクリスマス、バレンタインデーなどのほか、「大寒」「立春」といった季節の節目の行事やイベントに絡めた情報はニュースの定番といえます。また、国際的スポーツ大会などに関連する話題も、メディアの興味や関心が高いテーマです。

図6-2 PR IMPAKT®

メディアが取り上げたくなる"6つの視点"

PR IMPAKT®	例	プランニング時はこう変換して考える
Inverse 逆説、対立構造	・○○なのに△△ ・○VS△	5W1Hをズラしてみる **2点の距離が遠いほど面白い**
Most 最上級、初、独自	・世界初○○、日本一○○ ・○○すぎる	局地的な部分のスケールを拡大縮小してみる **新発見であるほど面白い**
Public 社会性、地域性	・○○化社会に… ・地方自治体が…	公的なモノとのブリッジをみつけてみる **皆が賛成しやすい仕組みにする**
Actor / Actress 役者	・人気の○○人が…	企画内容とコミュニティを率いる人をかけ算してみる **影響力が高い人ほどいい**
Keyword キーワード、数字	・○○女子 ・○活…	起こしたい現象（コト）に名前をつけてみる **短いほど使いやすい**
Trend 時流、世相、季節性	・○○日で… ・今話題の○○	その企画が最も説得力を増すタイミングを考えてみる **そこじゃなきゃいけない程強い**

○「感情トリガー・マップ」をチェックリストに

この感情トリガー・マップは、情報やコンテンツを設計する際のチェックリストとして活用できます。感情トリガー・マップ上のIMPAKTの各文字は、それぞれ親和性の高い感情の近くに配置されています。ただし、KとTはどの感情にも該当するので、中央に置かれています。

例えば、「感動」「胸熱」を刺激するようなファクトが、「P」つまり社会性の高い内容であったなら、ニュースで取り上げられたり、ソーシャルメディアでシェアされたりしやすくなるという見方ができます。

なお、IMPAKTの要素はいわば加点方式で、要素が多いほどニュース性が高まりますが、感情トリガーの要素を組み合わせる場合は、多くても3つまでとし、それらを深掘りする設計をしたほうが効果的です。

この感情トリガー・マップをチェックリストとして活用することで、生活者のシェアしたくなる感情を刺激しつつ、メディアが報道したくなる視点も組み合わせたファクトを、戦略的に伝えていくことができるでしょう。

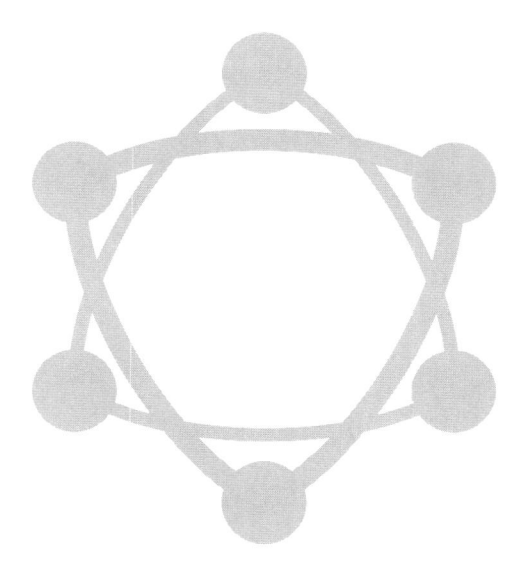

— CHAPTER 7 —

企業がもっと魅力的な存在になるために

STRATEGIC THINKING ON
BRAND MANAGEMENT
Tactics to Enhance Attractiveness and
Boost Corporate Value

7-1

［慶應義塾大学］

「売ったあと」まで視野を広げたマーケティングが重要

ソーシャルメディアで情報が循環するサイクルに着目

これまでの章で見てきた通り、スマートフォンやソーシャルメディアの台頭による情報環境や情報流通構造®の変化は、生活者の消費行動にも大きな影響を及ぼしている。そうした中で、企業は生活者のどのような意識に着目し、どのような存在であるべきか。また、企業が情報発信をするうえで、その内容に共感する生活者をどのように見出し、関係を構築すればよいのか。口コミ社会における新たな消費者行動、マーケティング戦略について研究を進める、慶應義塾大学商学部の清水聰教授にうかがった。

慶應義塾大学商学部教授
清水 聰氏
（しみず・あきら）1963年生まれ。慶應義塾大学大学院博士課程修了、博士（商学）。明治学院大学経済学部教授、米ノースウエスタン大学ケロッグ経営大学院客員研究員などを経て、2009年から現職。著書に『日本発のマーケティング』『戦略的消費者行動論』（千倉書房）などがある。

生活者のリアルな声が有力な情報源になる時代

——情報環境の変化を受けて、生活者の消費行動はどのように変化しているとみていますか。

一番のポイントは、企業から発信される情報だけではなく、人が発信する情報の影響力が高まっていることでしょう。インターネットが普及してきたのが1995年ごろ。2000年以降はソーシャルメディアも登場しました。それまでは、商品やサービスを選ぼうとするときは、企業が発信する情報、例えばパンフレットやカタログなどを参考にするのが一般的でした。しかし、その企業のファンサイトや、ブログといったソーシャルメディアに購入者や利用者のリアルな声が投稿されるようになったことで、そちらのより具体的な情報が参考にされるようになったのです。

例えば、ソーシャルメディアが登場した初期の頃、私が見ていて印象的だったエピソードの1つに、車のトランクの話があります。カタログには、トランクの容量はドイツ自動車工業会が定めたVDA方式で400リットルとあり、「それなら荷物がたくさん入るな」と思える。ところが、ソーシャルメディアには「容量は400リットルあっても、ゴルフのキャディバッグは入らない」といった情報が書かれているんですね。そこで生活者は気づきます。「容量だけでは、実際の使い勝手は分からないな」と。そこで、「企業からの情報だけでなく、購入者や利用者が発信しているリアルな情報も調べたほうがいいな」と思う人が多くなっていくわけですね。

――確かにいまは、そうしたソーシャルメディアなどの口コミ情報を参考にして商品やサービスを選ぶ人は多いですね。

近年ではさらに、スマホなどのモバイルデバイスが普及し、いわば情報を持ち歩けるようになったことも、消費者行動に大きな影響を与えています。それまでは、ネットやソーシャルメディアの情報を参考にするといっても、パソコンで見ている人が多かったので、自宅などで調べてから店に行っていたんですよね。すると、店内では外部の情報と遮断されるので、例えば、店員が説明するキャンペーンやセールなどの情報によって、気持ちが動くこともありました。

しかし、多くの人がスマホを持つようになったいまでは、店内でキャンペーンやセールの情報があっても、その場ですぐに他店や他の商品を調べて比較することができる。実店舗よりもネット通販のほうが安いとなれば、その場でスマホから注文する。そうしたことができるようになっているので、企業側で情報の流通や生活者の消費行動を誘引するのが非常に難しくなっています。

○「売るまで」から「売ったあと」に視野を広げる

――生活者のそのような変化を踏まえて、企業のマーケティングはどのように変わってきているのでしょうか。

端的にいえば、「売ったら終わり」ではなくなったということです。これまで企業は、生活者がモノを買うまでのプロセスについてはよく調査・分析していましたが、買ったあとの消費者行動までは意識していませんでした。しかし先述したように、いまは購入者や利用者が、その後の感想や評価をソーシャルメディアに投稿する時代です。その感想や評価を参考に購入や利用を決めたり、逆に控えたりする人も多くなっています。ですから、「売るまで」のさらに先の、「売ったあと」にまで視野を広げたマーケティングを考えていくことが重要です。

私がいま進めている研究では、そうした生活者の意思決定プロセスの変化に着目しています。かつては情報の流通経路が一定方向に進んでいたように、生活者の意思決定プロセスもまた、一定方向に流れていました。「企業が発信する情報で商品を認知する→その商品について調べる→購入するかどうかを考える→購入するかしないかを決める→そのときの選択が次の購買時にフィードバックされる」といった具合ですね。ところがいまは、その一定方向の流れが成り立たなくなっています。ソーシャルメディアの情報で商品を認知して、企業が発信する情報を調べる場合もありますし、購入を決めたあとの感想や評価をソーシャルメディアに発信することもある。さらにその情報がほかの人の認知につながり、その人の購買を左右するといったように、情報が循環するサイクルが生まれているんです。

――そうなると確かに「売ったら終わり」ではなくて、「売ったあと」の情報が生活者の間でどう回っていくかも重要になってきますね。

その通りです。購入者や利用者が発信する情報が、潜在顧客の有力な情報源になっていますから、その情報がどのように循環しているかまで見ていく必要があります。情報が順調に循環しているうちはいいのですが、情報量が少なくなってきたり、スピードが落ちてきたりしたときは、どうすれば多くの情報を加速して回せるのかを考えて、コントロールしていくことが求められます。

また、生活者の間を循環する情報は、ポジティブなものとは限りません。購入者や利用者が否定的な意見を発信することもありますし、購入や利用をやめた人が、なぜやめたのかその理由を発信することもあります。そうしたネガティブな情報には迅速かつ丁寧に対応して、拡散をとどめることも重要です。

○情報発信における「優良顧客」の3要素

――情報が循環することが大事であっても、それがポジティブな情報でなければ意味がない。となると、ポジティブな情報を発信してくれる生活者の存在がカギになってきそうです。

そうですね。ですから、企業の中には、ソーシャルメディアなどで影響力のある、いわゆる「インフルエンサー」と呼ばれるような人たちとの関係構築を試みているところもあります。インフルエンサーというと一般的には、ソーシャルメディアのフォロワー数が多い人などのイメージがあると思いますが、フォロワー数が多ければいいかというと、決してそうではないことが、私のこれまでの研究から分かってきています。

――情報を回していくときにカギとなるインフルエンサー、つまり、情報循環において「優良顧客」といえるのは、どんな要素を備えている人なので

しょうか。

それには3つの要素があることが分かってきました。1つは情報を多くの人に伝える伝達力があること。先述した情報を回せる循環力があるかどうかともいえますね。2つめは情報収集力が高いこと。そして、3つめは商品やサービスへの関心が高いことです。

この3つの要素を備えていることが、フォロワー数の多さにつながるわけではありません。フォロワー数が多いインフルエンサーは、商品やサービスに対する関心は高くても、それだけということがよくあります。いち早く新商品の情報を発信していても、その内容に目を向けてみると、企業のホームページを見れば分かることや、広告でうたわれているようなことしか書かれていないことがあるんですね。そうした人は、自分が誰よりも早く情報を発信することに興味があるだけで、商品やサービスの本質にまではあまり関心がないといえます。それよりも、商品やサービスの本質を理解していて、企業が発信している情報だけでは分からなかった発見や気づきを、その人自身の言葉で表現していることのほうが重要です。

――単にフォロワー数を循環力と捉えるのではなく、その人が発信している情

報の中身まで見極めることが大切なのですね。

中身を見極めていくときは、ライフスタイルも見ていくといいと思います。分かりやすい例を挙げると、グルメサイトで多くの人が5点中の4点をつけている店があったとします。一般的には高評価で「行ってみたい」と思う人が多いでしょう。でも、先ほどの3つの要素を備えているような優良顧客となり得る人は、そうした多くの人の評価や、グルメといわれる有名人の評価などを参考にして鵜呑みにはしないはずです。

では、何を参考にするかというと、自分のライフスタイルや味覚と似通った人の評価を参考にするのです。過去の投稿を追ってみて、自分と同じような店に行き、同じような評価をつけている人の意見を参考にするのです。多くの人が4以上の高評価をつけていても、自分のライフスタイルや味覚と似ていると思える人が3以下の評価をつけていれば、自分にとってはあまり行く価値のない店だろうと思う。一方、あまり支持されていない店だとしても、自分と合う人が4以上の高評価をつけていれば、「これは行ってみないと」と思えるのです。こうして同じライフスタイルの人の中で優良顧客同士の情報循環が起こり、魅力が伝わっていくのです。

○情報に接触したタイミングが重要

――企業が重視すべき優良顧客の3つの要素をはかる指針のようなものはありますか。例えば、その人が発信している情報の中身まで見極めることは、伝達力や循環力を知る1つの手立てになるように思います。

そうですね。情報収集力については、どのメディアを組み合わせて見ているかが参考になると思います。例えば、新聞とテレビとか、若い人だと新聞は読まずにテレビとインターネットとか、同じインターネットでもパソコンかスマホかといったことですね。その組み合わせ方によって、得られる情報量や情報の質が異なってくるのです。

一般的には、スマホを活用している人のほうが多くの情報に触れていると思いがちですが、実はそうとも限りません。なぜなら、スマホでは自分の興味のあることを深掘りしていく傾向があるからです。一方、テレビや新聞にはさまざまな話題があり、幅広い情報に触れることになります。つまり、インターネットは情報の奥行きを深めるもので、テレビや新聞は情報の間口を広げてくれるものなのです。そういう意味では、間口が広く、奥行きもある人のほうが情報収集力が高く、公正な視点を持ちやすいといえます。

インターネットやソーシャルメディアに関していえば、情報接触と購入のタイミングを見ることで、商品やサービスへの関心の高さや深まりをうかがうことができます。

――情報接触と購入のタイミングとはどういうことでしょう。

私のこれまでの調査や研究では、「ネット情報に触れてから商品を購入した人」と「商品を購入してからネット情報に触れた人」では、後者のほうがその商品や企業のファンになりやすく、実際にその後の購入金額や数量も多くなっていることが分かりました。

これはどういうことかというと、先にネット情報を見てから商品を購入している人は、新商品の発売やお得なキャンペーンなどを調べていることが多いので、買ってしまえばそこで満足してしまいます。しかし、商品を購入してからネット情報を見る人は、実際に使ってみて興味や関心が高まって、「これまでの商品とはどこが違うんだろう」「どうやって開発したんだろう」と、さらに深掘りして情報を求めていきます。そこで「なるほど」と納得したり、「そんな技術が使われているんだ」と感心したりすることで、その商品や企業のファンになっていく。関係性が深まれば、その後の購入にもつながっていくのです。

○成果指標を見直す

――これまで生活者の変化や情報発信における優良顧客の要素などについてうかがってきましたが、企業はそうした背景を踏まえたうえで、自社の魅力を高めていくためには、どのようなことから考えていけばいいでしょうか。

1つは、成果指標を見直すことです。例えば、これまでは売上やCRM（カスタマー・リレーションシップ・マネジメント）でどれだけ大口顧客を抱えているか、広告のGRP（延べ視聴率）が何%かといったことが成果として見られてきましたが、先述した口コミによる情報の循環を考慮すると、それだけではかれなくなっています。

CRMの関連でいうと、これまではLTV（顧客生涯価値）の高い顧客、つまり、「その人から得られる一生分の利益」の総額が高ければ高いほど優良な大口顧客とされて、つないでおくことが大切といわれてきました。それはその通りなのですが、金額ベースだけで判断するのは早計です。その人自体は少ない点数や金額の利用であっても、購入後や利用後に好意的な感想や情報を発信し、拡散してくれるのであれば、その人のほうが優良顧客と見なすべきでしょう。

――そうした指標が複雑になってくると、マーケティングでのＲＯＩ（投資対効果）を数値化するのも難しくなってきますね。

確かに、マーケティングでは生産性を考えなくてはいけませんが、どうやって測定するかは難しいところです。生産性とは何かというところに立ち返ってみると、私は先述したように「情報がどれだけ回っているか」ということを観測していく必要があると考えています。これだけ各種メディアが成熟していると、認知は多くの人がしていくはずです。ですから、その認知した情報が、購買につながっているか、購買後に満足して口コミにつながっているかなどを見ていくことが重要になってきます。

○話題になるカギは「適度な不一致」

――情報が回っていく商品には、何か共通する特徴があるのでしょうか。

情報循環力、情報収集力、商品やサービスへの関心が高い顧客、つまり、情報を回す役割を担ってくれる人は、商品を選ぶときに「話題になるか」という視点を重視する傾向があります。よって「話題になる」ような仕掛けがあれば情報は回っていきますし、そうでなければなかなか回っていきません。

例えば、３つの新しい清涼飲料が発売されたとします。１つは清涼飲料でありながら健康志向が高いもの。２つめは既存の商品に新しいフレーバーを加えたもの。３つめはこれまでの清涼飲料とはまったく違った味わいのものです。この３つの商品のうち、最も話題になって、情報が回っていくのはどれだと思いますか？

――３つめの、これまでの清涼飲料とはまったく違った味わいのものでしょうか。「まったく違う」ということで話題になるような気がします。

残念ながら、「まったく違う」商品だと「これは清涼飲料ではない」と見なされてしまい、あまり話題にはなりません。一方、２つめの新しいフレーバーを加えるといったライン拡張したものや、既存の清涼飲料をアメにするといったブランド拡張したものなどは、「あの清涼飲料に新フレーバーが出たんだ」というように認知は高くなるものの、それで終わってしまい、情報は回っていかないんですね。

最も話題になって、情報が回っていくのは、1つめの清涼飲料でありながら健康志向なものです。「清涼飲料なのに健康志向ってどういうことだろう？」「何が違うんだろう？」など、ちょっとした「ずれ」を感じると、人はそれを誰かに話したくなるのです。このずれを、消費者行動理論では「適度な不一致」といいます。

実際の商品を使ってこのような実験をしてみたところ、清涼飲料でありながら健康志向といった適度な不一致のある商品は、まずそのずれ感が話題となり、購買につながりました。そして、実際に購入したあとにも、その商品の情報を企業のホームページで調べたり、ソーシャルメディアで発信したりと、情報が循環していきました。ですから、いかに適度な不一致をつくるかが、話題になるカギであり、情報を回していくポイントになると思います。


――本書では、生活者が企業に感じる魅力の要素を「人的魅力」「会社的魅力」「商品的魅力」の3つに分類しています。これまでうかがってきたお話は、商品的魅力の視点に近いものでしたが、人的魅力や会社的魅力についても、同様のことがいえるのでしょうか。

人的魅力にしても、会社的魅力にしても、情報を回していく際に適度な不一致がポイントになるのは同じだと思います。例えば、人的魅力や会社的魅力につながる企業やその社員の「神対応」といわれるようなことも、普段の自分の生活や感覚とは違ったところから、自分に寄り添った対応をしてくれたと感じることで生じるわけです。また、企業がそれまでに得ていた信頼をベースに、少し視点を変えた戦略を打ち出したり、事業活動を始めたりすると、それもやはり適度な不一致となって話題となり、魅力を高めることにつながっていくと思いますね。

そのときには、自社の立ち位置というか、生活者がその企業についてどう感じているかを理解していることが大切です。そこを分かっていないで魅力を伝えようとしても、生活者には届きません。

○生活者の視点で自社の強みを捉える

――それでは最後に、企業が生活者にとってさらに魅力的な存在になるためには、どのようなファクトやコミュニケーションが必要でしょうか。

自社の立ち位置を理解しておくのと同様に、自社の魅力、強みは何かを知っておくことが重要だと思います。ここで注意したいのは、自分たちが強みだと思っていることが、生活者も同じように感じているとは限らないことです。「この企業はここが強み」と打ち出していても、実際に商品を使用している人は、違うところに魅力を感じているかもしれません。以前なら、そうしたことはアンケートを実施してみなければ分からなかったことですが、いまは情報が循環しているのを見ていけば、生活者が自社のどんなところを話題にしているのかがつぶさに分かります。それにいち早く気づいて、発信していくことが、魅力の向上につながっていくと思います。

――情報の循環を加速させる優良顧客とは、どのようなコミュニケーションをとっていけばいいでしょう。

先述した3つの要素を備えた情報感度の高い人は、「実は…」「あまり知られていないけど…」「こだわりの秘密は…」といった、限られた人しか知らない情報を好みます。ですから、そうしたほかの人が知らない情報を提供していくといいでしょう。

こうしたいわゆる「裏側のストーリー」は、一般の生活者の関心も高いので、企業のウェブサイトやブランドサイトなどで、開発秘話や職人の技などを伝えるコンテンツを作成するのも有効だと思いますね。

――企業広報戦略研究所が実施した企業魅力度調査でも、生活者が企業のウェブサイトで重視するコンテンツは、「開発秘話・背景などストーリー性があるもの」が最も支持される結果となっています。一方、生活者が求めているコンテンツと、企業がコンテンツにおいて行っている工夫には、大きなギャップも生じていました。

それも、自社の魅力や強みは何か、生活者が感じている魅力や強みは何かが分かっていない表れでしょうね。そうした企業の魅力やイメージに関する調査を参考にして、自社の魅力や強み、あるいは弱みを把握して、情報循環に活用していくのもいいかもしれません。

7-2 企業の魅力要素と購買行動の考察

STRATEGIC THINKING ON BRAND MANAGEMENT
Tactics to Enhance Attractiveness and Boost Corporate Value

○日本マーケティング学会のベストペーパー賞を受賞

本書において、企業の魅力を「人的魅力」と「会社的魅力」、「商品的魅力」の3要素に分解して解説しました。一方で調査結果をもとに、私たちは別の角度からも企業の魅力に関して、分析を深めています。その一例が、「企業の魅力要素と購買行動の考察」と題した研究論文です。

本研究論文は2017年10月開催の「日本マーケティング学会 マーケティングカンファレンス 2017」において、「オーラルセッション2017ベストペーパー賞」を受賞しました。執筆者は北見幸一・東京都市大学 都市生活学部 准教授と、企業広報戦略研究所の阪井完二副所長（電通パブリックリレーションズ局長）、末次祥行上席研究員（電通パブリックリレーションズ部長）

の3人です。

日本マーケティング学会会長の田中洋氏（中央大学ビジネススクール教授）は、この研究発表を次のように評しています。

「本発表は、企業の魅力というこれまで研究されていなかったにもかかわらず、現代企業にとって必要なテーマを選び、探索している点が評価される。また、社会心理学の知見を用いて企業の魅力を『人的魅力』『会社的魅力』『商品的魅力』の3つの領域に分け、考察と調査が行われた。1万人の調査対象者を用い、150社について、企業の魅力を形成する要因が突き止められた。本研究はパイオニア的性格を持つ研究として高く評価されるだろう」

田中氏が言及しているように、この論文のもとになったデータは1万人の生活者に対する調査です。この調査データは、第1章・第2章で説明した魅力度調査と同じものです。本研究は魅力度調査をもとに、さらに発展させたものです。

本研究により消費者の購買行動には、後述する3つの因子が強く関係していることが分かりました。以下では、その具体的な内容について説明します。

本研究の目的は「企業における『魅力要素』を把握し、企業の『魅力要素』と消費者の購買行動との関係を明らかにすること」です。ここでいう魅力要素は、魅力度調査と同じ36項目です。

1万人の生活者が、ある企業に魅力を感じた場合、その後、どのようなアクションをとったでしょうか。その単純集計結果は第2章で述べました（79ページ）。簡単におさらいすると、何らかの行動をとったという回答の合計値は75・7％。具体的な行動として最も多いのは「その企業の商品やサービスを購入した」（42・4％）でした。本研究はここで示された企業の魅力と消費者の購買行動との関係を、もう一段深掘りしようとするものです。

○AISASモデルへの適用

消費者は企業の魅力をどのように捉えているのでしょうか。個々人によって、注目するポイントは異なります。Aさんは、斬新な商品やサービスに惹き付けられるかもしれません。Bさんは企業としての安定性を、Cさんは企業としての勢いや先進的な取り組みを重視するかもしれません。

そこで、本研究では1万人の調査データをもとに探索的因子分析を実施。その結果、3つの因子が浮かび上がりました。それが、「トラスト」因子、「バイタリティ」因子、「バリュー」因子です（図7－1）。企業の魅力は、これら3つの因子によって一定程度説明することができます。3因子は、企業の総合的な魅力の構成要素と推定されます。

36項目の魅力要素はそれぞれの因子を特徴づける役割を果たしています。トラスト因子には「まじめで信頼できる社員がいる」「リスクへの備えがしっかりしている」などの魅力要素が寄与しています。バイタリティ因子には「起業家やベンチャー企業に積極的な支援をしている」「実力主義な職場風土である」などの魅力要素、バリュー因子には「コアなファンが多い商品・サービスを提供している」「オリジナリティや独創性がある商品・サービスを提供している」などの魅力要素が寄与しています。

次に、各因子が購買行動に与える影響を分析しました。消費者の購買行動を定義する際には、ＡＩＳＡＳ（アイサス）モデルを採用。ＡＩＳＡＳは消費者の購買行動プロセスを説明するモデルです。購買行動のプロセスはＡ＝Attention（注意）→Ｉ＝Interest（関心）→Ｓ＝Search（検索）→Ａ＝Action（購買）→Ｓ＝Share（共有）という方向に進みます。

さらに購買後には、商品やサービスへの評価などが、リアルな口コミやソー

図7-1 3因子構造

因子Ⅰ

●「まじめで信頼できる社員がいる」
●「リスクへの備えがしっかりしている」
●「地域に密着し発展に貢献している」
●「安定的な収益基盤がある」

⬇

「トラスト」因子

因子Ⅱ

●「起業家やベンチャー企業に積極的な支援をしている」
●「実力主義な職場風土である」
●「M&Aなど積極的な投資で事業拡大をしている」
●「自由な議論ができる風通しの良い社風である」

⬇

「バイタリティ」因子

因子Ⅲ

●「コアなファンが多い商品・サービスを提供している」
●「オリジナリティや独創性がある商品・サービスを提供している」
●「優れた機能効果を持つ商品・サービスを提供している」
●「付加価値の高い商品・サービスを提供している」

⬇

「バリュー」因子

シャルメディアなどを通じて共有、あるいは拡散され、ほかの消費者の購買行動に影響を与えます。つまり、最後のＳ（共有）で完結するのではなく、再びＡ（注意）やＩ（関心）へと循環するモデル。ＡＩＳＡＳを用いることで、特にソーシャルメディアの普及以降の購買行動を分かりやすく説明することができます。

○消費者の購買行動と密接に関係する３因子

本研究では、ＡＩＳＡＳの後半に当たる「Ｓ・Ａ・Ｓ」について各2項目の購買行動を設定しました（図７－２）。Ｓでは「ネット検索」と「企業サイト閲覧」、Ａでは「視察（店舗やショールーム訪問など）」と「購入」、最後のＳでは「ソーシャル投稿」と「リアル共有（ロコミなど）」。これらの合計６つの購買行動に対して、３つの因子はそれぞれどのような影響を与えているでしょうか。

それを知るために、購買行動を目的変数、企業の魅力因子の因子得点を説明変数として６つのモデルを作成し、重回帰分析を行いました（図７－３）。学

図7-2 魅力と消費者の購買行動

A Attention　**I** Interest　**S** Search　**A** Action　**S** Share

企業の魅力を感じた後の購買行動

モデル	具体的設問項目	省略語
S Search	その企業や、商品・サービスについてネットで検索した	ネット検索
	その企業のウェブサイトを閲覧した	企業サイト閲覧
A Action	その企業の商品・サービスを見に行った	視 察
	その企業の商品・サービスを購入した	購 入
S Share	ソーシャルメディアに投稿した	ソーシャル投稿
	家族や友人に話をした	リアル共有

図7-3 重回帰分析

◯ 購買行動を目的変数、企業の魅力因子の因子得点を説明変数として6つのモデルを作成し、重回帰分析を行う。

モデル	購買行動
1	ネット検索
2	企業サイト閲覧
3	視 察
4	購 入
5	ソーシャル投稿
6	リアル共有

目的変数

＝

魅力因子Ⅰ
トラスト

×

魅力因子Ⅱ
バイタリティ

×

魅力因子Ⅲ
バリュー

各因子得点を
説明変数

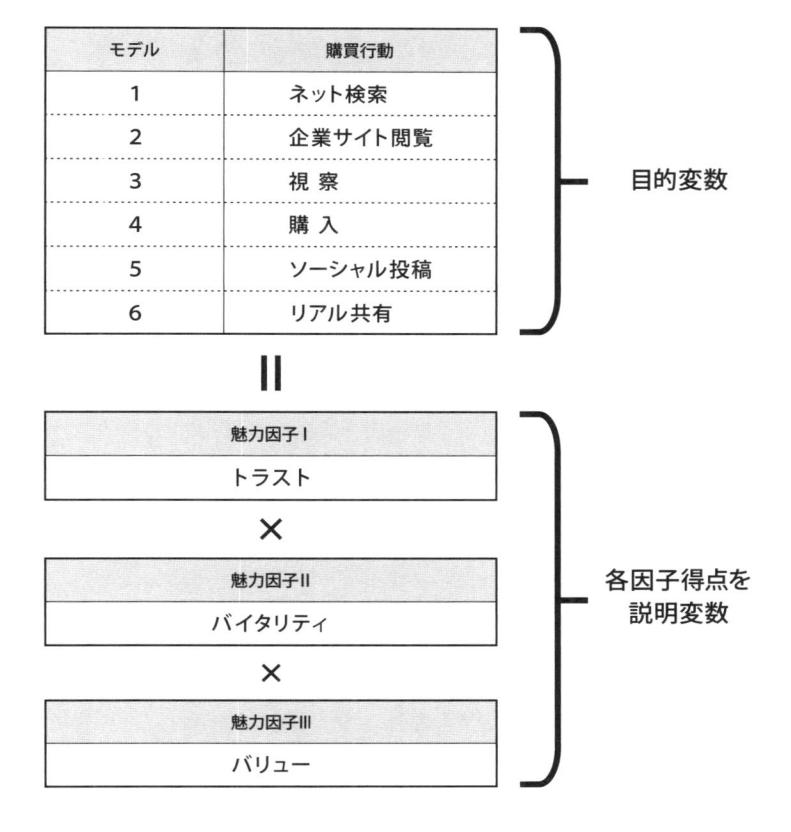

術的な研究なので専門的な説明をしましたが、「3つの因子が6つの購買行動にどのような影響を与えたかを分析した」ということです。

その分析結果を図7－4に示しました。因子と購買行動の関係が特に強いものについては★、それに次ぐ強い関係があったものは〇で表しています。トラスト因子と特に強い関係があるのは視察と購入、リアル共有。バイタリティ因子はネット検索と企業サイト閲覧、ソーシャル投稿。そしてバリュー因子は購入との間で特に強い関係があることが分かりました。

図7－5では購買行動を促す上で、どの因子が最も寄与するかをシンプルな形で示しました。消費者にネット検索や企業サイト閲覧をしてほしい場合には、その企業のチャレンジや活力といったバイタリティを前面に押し出すのが効果的です。視察や購入といったアクションを引き出したいときには、信頼性や安定性といったトラスト因子をアピールするとよいでしょう。リアルでの口コミを広げたいときにはトラスト因子、ソーシャルメディアでの拡散を望むのであればバイタリティ因子に重点を置くべきでしょう。

今回の研究結果で、私たちが最も注目したのは、「購入」行動において、「オリジナリティー」や独創性がある商品・サービスを提供している」などバリュー

図7-4 分析結果

		魅力因子		
		Trust（信頼）	Vitality（活力）	Value（提供価値）
Search（検索）	ネット検索		★	○
	企業サイト閲覧	○	★	
Action（購買）	視察（実際に見に行った）	★	○	
	購 入	★		★
Share（共有）	ソーシャル投稿		★	○
	リアル共有（口コミなど）	★	○	○

★＝強い関係性あり　○＝関係性あり

※上記は、分かりやすく単純化した表ですので詳細な分析データは、
マーケティング学会発表論文をご参照ください。

http://www.dentsu-pr.co.jp/assets/uploads/2017/10/Oral_FrontDisp66.pdf

「企業の魅力要素と購買行動の考察」
日本マーケティング学会 マーケティングカンファレンス2017
（「オーラルセッション2017 ベストペーパー賞」を受賞）

図7-5 行動喚起する魅力ファクター

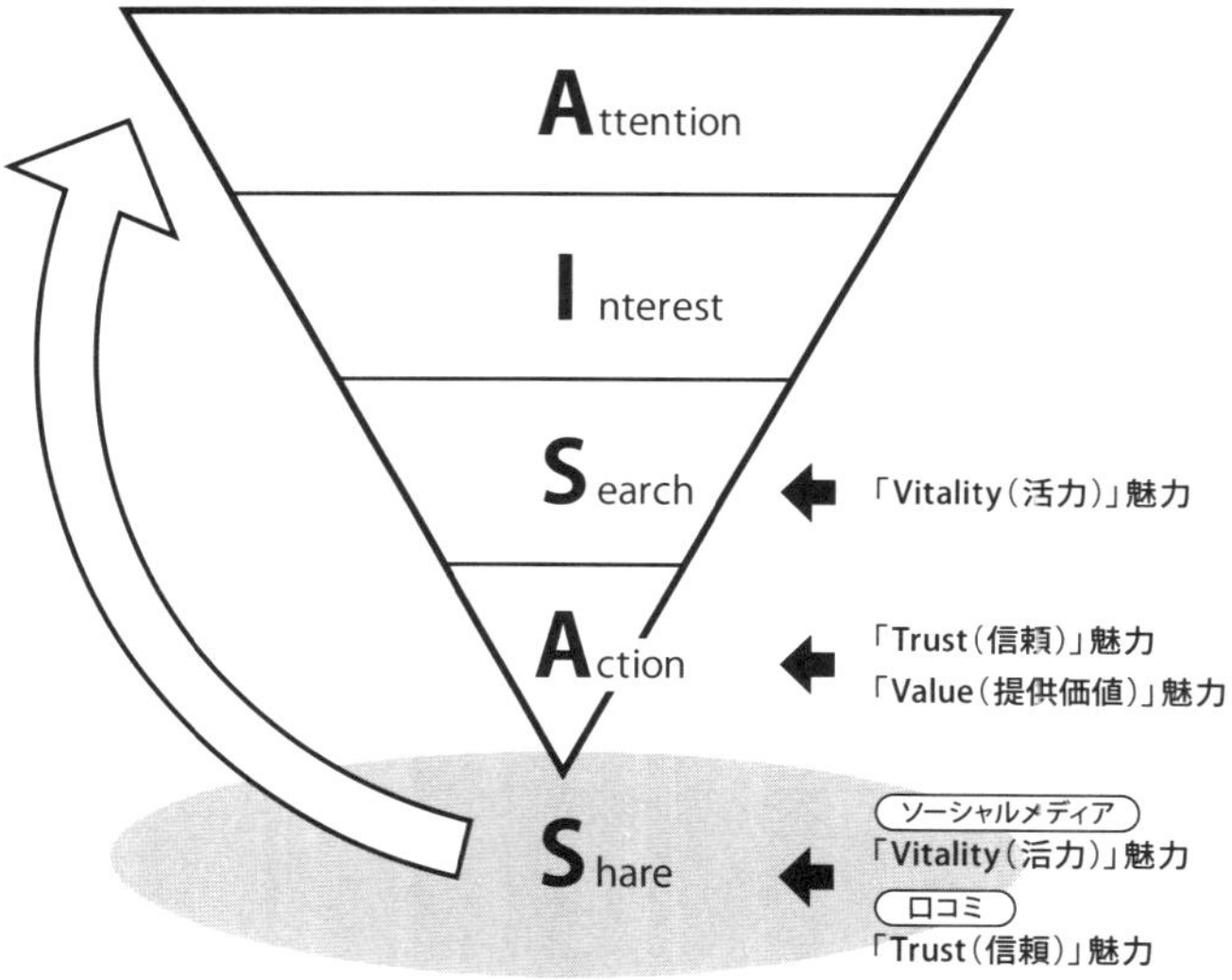

因子の関係性が強いのは当然のこととして、「まじめで信頼できる社員がいる」、「リスクへの備えがしっかりしている」などのトラスト因子との関係性が強く示された点です。

Eコマース（電子商取引）などによって生活者の消費行動が大きく変化している時代に、購買行動を喚起するためには、商品の提供価値に加え、発売する企業そのものの信頼性を訴えていくことも重要であることを改めて考えさせられる結果となりました。本研究はそれを客観的な数値として提示したということも成果の一つであると考えています。

企業の魅力に対する学術的なアプローチは始まったばかりです。今後、学際的なアプローチを導入するなどして、この研究をより深めていきたいと私たちは考えています。

巻末付録

企業広報戦略研究所は、2017年3月に「第2回企業魅力度調査」を実施しました。調査は10業界計150社について全国の20～60代の男女1万人を対象に実施しています。調査では、独自に開発した「企業魅力度モデル」で企業の“魅力”を「人的魅力」「会社的魅力」「商品的魅力」の3つの要素で分析しています。調査結果から、生活者が感じる魅力が業界によって異なること、魅力につながる情報の入手先が性別や年代によって異なることなどが明らかになりました。

(%)

	自動車	電気機器	情報・通信	サービス・その他	鉄道・航空・運輸	不動産・建設	金 融	エネルギー
	24.8	19.6	32.1	20.8	16.7	26.5	26.0	22.6
	22.6	15.7	22.8	19.4	10.3	19.0	17.0	18.9
	25.8	22.4	28.0	30.7	19.7	25.3	25.0	23.6
	18.8	15.8	17.9	13.5	8.6	16.2	12.7	14.7
	24.8	17.6	16.1	17.7	11.8	16.5	13.8	15.9
	12.5	11.3	13.7	11.4	9.1	13.8	13.6	11.2
	11.8	9.7	13.3	10.8	6.0	10.1	10.9	10.0
	16.5	11.5	15.6	19.4	14.5	14.2	13.9	13.3
	16.4	10.8	7.7	7.7	11.2	15.6	9.2	20.8
	17.2	17.5	17.9	16.2	21.9	21.7	17.4	23.1
	20.2	16.4	18.0	17.4	14.0	19.7	16.7	19.3
	19.1	17.7	12.3	16.5	23.4	16.7	19.3	18.1
	16.6	14.0	15.4	15.1	9.4	14.7	12.7	13.5
	10.8	7.3	8.8	7.8	5.7	10.6	10.7	10.2
	21.9	19.6	24.1	23.2	29.0	26.2	30.2	32.1
	17.6	16.3	17.7	18.6	16.0	18.3	18.0	18.6
	10.8	8.6	9.6	7.9	8.7	11.0	16.6	12.6
	13.5	10.3	10.6	10.4	10.4	11.5	13.1	10.8
	6.5	6.6	9.6	6.1	3.2	6.7	6.8	7.3
	6.0	4.5	7.1	4.5	3.2	6.8	9.0	5.4
	14.6	8.8	9.4	10.2	9.9	9.9	9.0	10.1
	6.4	6.3	7.7	5.8	5.2	7.3	8.9	7.9
	15.8	9.2	11.0	12.5	8.7	8.9	9.9	10.8
	12.4	6.7	7.4	11.5	20.1	12.1	9.5	19.3
	30.6	34.3	21.4	23.2	18.1	16.6	12.8	15.0
	11.6	13.1	11.7	15.4	9.7	7.2	9.9	12.6
	17.6	16.3	11.9	16.9	10.7	12.2	9.8	10.2
	13.1	13.4	15.7	18.1	6.5	11.4	9.1	9.4
	17.1	23.9	20.1	22.4	17.6	9.0	14.5	18.0
	8.5	11.2	15.9	12.2	6.5	5.6	8.1	7.2
	20.5	15.5	11.2	15.3	11.8	8.4	8.8	7.8
	13.3	8.3	8.0	9.1	5.4	10.8	7.7	6.5
	16.8	14.6	10.3	12.5	9.2	12.3	12.2	12.8
	25.5	27.9	15.3	18.5	17.1	18.0	15.5	18.7
	17.9	14.0	13.6	12.2	7.2	9.0	7.8	10.4
	20.4	16.0	14.6	18.4	7.9	11.4	9.7	9.9

TOP　2位　3位

業界別・魅力の要素

魅力領域	項目／業界	全体	食品	医薬品・生活用品
人的魅力	信頼できるリーダー・経営者がいる	22.1	16.3	15.7
	チャレンジスピリットにあふれたリーダー・経営者がいる	16.9	11.9	11.2
	ビジョンを掲げ、業界を牽引している	24.1	19.4	21.2
	イノベーションにこだわる経営をしている	13.9	8.5	11.9
	こだわりをもった社員が品質向上にチャレンジしている	16.2	13.5	14.0
	実力主義な職場風土である	11.3	6.8	9.4
	自由な議論ができる風通しの良い社風である	9.7	6.7	8.1
	社員がやりがいを持って活き活きと仕事をしている	14.0	9.0	12.0
	環境にやさしい経営をしている	12.2	12.5	10.6
	社会の発展や、社会課題の解決に貢献している	18.7	12.5	21.2
	良い企業理念・ビジョンに基づいた経営をしている	17.1	13.5	16.0
	まじめで、信頼できる社員がいる	16.8	10.5	13.8
会社的魅力	優れた成長戦略がある	13.4	9.8	12.6
	経営方針を分かりやすく説明している	8.5	6.0	7.0
	安定的な収益基盤がある	25.8	25.0	26.4
	長期的な成長が見込める	17.3	14.1	17.6
	リスクへの備えがしっかりしている	10.0	6.2	8.2
	健全で開かれた経営をしている	11.0	9.0	10.4
	起業家・ベンチャー企業に積極的な支援をしている	6.1	3.6	5.1
	M&A など、積極的な投資で事業拡大をしている	5.6	3.9	5.4
	問題があっても迅速に公表する姿勢がある	9.6	7.2	7.4
	投資家などとのコミュニケーションを大事にしている	6.5	3.8	5.5
	文化・スポーツの発展に貢献している	10.8	13.9	7.6
	地域に密着し発展に貢献している	11.1	6.3	5.3
商品的魅力	優れた機能・効果を持つ商品・サービスを提供している	22.2	22.9	27.2
	商品・サービスを安価に提供している	11.7	15.8	10.4
	付加価値の高い商品・サービスを提供している	13.1	12.2	13.2
	メディアや口コミで話題の商品・サービスを提供している	12.6	15.8	13.4
	多くの人の購入している商品・サービスを提供している	19.7	31.0	23.5
	ネット上で評価の高い商品・サービスを提供している	8.9	6.5	7.3
	コアなファンが多い商品・サービスを提供している	12.3	13.4	9.9
	開発ストーリーに共感できる商品・サービスを提供している	8.5	7.3	8.3
	アフターサービスや問い合わせ対応がしっかりしている	11.6	7.2	8.4
	品質に信頼がおける商品・サービスを提供している	21.2	28.7	27.2
	革新的・先進的な商品・サービスを提供している	11.2	8.6	10.7
	オリジナリティ・独創性がある商品・サービスを提供している	13.9	16.6	13.7

（%）

広告（チラシ、CM含む）	リアル系（計）	商品・サービスを直接体験して	社員・店員などを通して	身近な人から（家族・友人・知人など）	店頭など（POP、ディスプレイなど）	その他	覚えていない
16.6	58.1	37.9	18.7	16.9	12.9	2.4	6.4
14.9	54.7	36.9	17.8	13.1	11.6	2.4	6.9
18.3	61.5	38.9	19.6	20.6	14.2	2.5	6.0
15.4	58.6	34.2	22.0	19.1	15.7	1.3	8.9
17.7	58.8	38.2	19.5	20.0	15.0	2.2	5.3
14.6	56.4	39.3	16.0	14.8	12.1	2.8	6.9
17.3	57.0	37.7	17.5	16.1	11.3	2.4	6.0
17.9	59.6	40.2	18.7	14.6	10.8	3.4	5.1
14.6	55.9	33.7	21.1	16.0	14.9	1.1	10.3
16.7	56.5	37.9	18.8	17.1	13.7	1.9	5.6
11.7	52.1	37.2	14.1	11.7	10.5	2.8	6.7
14.0	52.3	35.7	17.1	10.4	9.6	2.4	6.1
17.4	56.5	40.1	18.1	10.8	9.4	3.5	5.6
16.2	61.3	34.8	22.8	22.1	16.5	1.6	7.5
18.7	61.1	38.4	20.1	22.9	16.3	2.6	5.0
17.5	60.6	41.3	17.9	17.9	13.6	2.8	7.1
20.6	61.5	39.7	17.9	21.7	12.9	2.3	5.8
18.3	62.7	40.2	19.3	18.4	12.1	3.2	4.6

■ 全体＋3ポイント以上　■ 全体－3ポイント以下

企業の魅力を見聞きした情報経路

		n	メディア系(計)	番組や記事	企業が直接発信する情報	ウェブを通じた口コミ
全体		9,476	68.0	43.8	27.8	21.5
性別	男性	4,708	71.2	46.2	31.4	24.2
	女性	4,768	64.8	41.3	24.2	18.9
年代別	20代	1,859	66.1	40.7	24.2	25.8
	30代	1,871	69.4	43.2	27.7	27.4
	40代	1,908	68.1	45.5	27.1	21.4
	50代	1,908	68.6	45.6	27.0	18.7
	60代	1,930	67.6	43.7	32.8	14.7
性×年代	男性20代	918	69.1	41.3	29.1	28.3
	男性30代	942	72.2	45.2	30.8	31.2
	男性40代	944	72.0	48.4	30.7	25.0
	男性50代	946	72.4	49.5	29.5	20.3
	男性60代	958	70.0	46.7	36.8	16.6
	女性20代	941	63.1	40.2	19.4	23.4
	女性30代	929	66.6	41.1	24.7	23.5
	女性40代	964	64.3	42.7	23.5	17.9
	女性50代	962	64.9	41.9	24.6	17.2
	女性60代	972	65.2	40.7	28.8	12.9

(%)

企業のソーシャルメディア（Twitter、Facebook、ブログなど）	新聞広告	家族・友人・知人のソーシャルメディア（Twitter、Facebook、ブログなど）	キュレーションサイト（NAVER まとめ、LINE Newsなど）	インターネット広告	Q&Aサイト（Yahoo! 知恵袋、教えて! gooなど）	雑誌広告	チラシ・ビラ	フリーペーパー	ラジオ番組	タレント・有名人のソーシャルメディア（Twitter、Facebook、ブログなど）	屋外広告	ラジオ広告	その他
8.3	7.1	6.9	6.8	6.5	5.7	4.5	4.3	4.1	4.1	3.2	3.2	1.5	2.2
9.4	6.8	6.5	7.2	6.5	6.3	4.4	3.6	3.6	5.0	3.3	3.1	1.7	1.9
7.0	7.5	7.3	6.5	6.4	5.0	4.7	5.0	4.7	3.1	3.1	3.3	1.2	2.5
11.1	3.8	10.7	12.1	5.0	7.9	3.8	4.1	7.0	5.5	5.9	4.3	2.2	2.2
9.6	5.8	10.5	10.7	7.0	8.4	4.6	4.5	6.0	4.8	4.6	3.5	2.2	1.6
6.2	5.3	6.1	5.8	5.3	4.8	3.5	3.6	3.1	4.1	2.5	2.3	1.2	2.1
7.3	8.3	4.6	3.9	7.2	4.0	5.4	4.6	2.4	2.8	2.1	3.2	0.7	2.3
7.4	12.3	2.8	2.0	7.8	3.6	5.1	4.7	2.2	3.4	1.3	2.8	1.1	2.8
13.2	5.2	9.6	13.4	4.9	9.1	4.4	4.7	6.9	6.9	5.0	4.6	3.0	1.4
10.6	6.5	11.0	11.0	7.9	9.6	5.0	4.4	5.3	6.3	5.3	4.6	2.5	1.5
6.5	3.8	5.6	6.3	4.9	5.3	2.8	2.2	2.8	5.1	2.9	1.9	1.5	2.2
8.0	6.4	3.4	3.4	6.7	3.6	3.9	2.8	1.5	2.9	1.6	2.5	0.6	2.3
9.1	12.1	3.1	2.1	8.0	4.2	5.7	4.0	1.6	3.9	1.8	2.1	0.9	2.2
8.8	2.4	12.0	10.8	5.1	6.6	3.2	3.4	7.1	4.0	6.7	4.0	1.3	3.0
8.6	5.0	9.9	10.3	6.0	7.1	4.2	4.7	6.8	3.2	3.9	2.4	1.8	1.8
5.8	6.9	6.6	5.2	5.8	4.2	4.2	5.2	3.4	2.9	1.9	2.7	1.0	1.9
6.4	10.3	5.9	4.5	7.7	4.3	7.1	6.6	3.5	2.6	2.6	4.0	0.8	2.2
5.5	12.6	2.5	1.9	7.6	3.0	4.6	5.4	2.8	2.8	0.8	3.5	1.3	3.5
9.2	5.4	7.7	8.8	5.7	6.6	3.9	3.5	4.6	4.6	3.4	3.3	1.4	2.2
7.4	8.7	6.2	5.1	7.1	4.9	5.0	5.0	3.7	3.7	3.1	3.1	1.5	2.2

■ 全体+3ポイント以上　■ 全体−3ポイント以下

具体的な情報経路

		n	テレビ番組	新聞記事	ウェブ上のニュース（Yahoo! Japan、Google Newsなど）	企業のウェブサイト	雑誌記事	テレビCM	ウェブ上のレビュー（価格・com、食べログ、amazonなど）	商品のパッケージ、パンフレット	ウェブ上の動画（YouTube、ニコニコ動画など）
全体		6,441	51.5	24.9	22.9	21.7	18.4	18.3	12.8	10.5	9.1
性別	男性	3,350	50.2	28.9	25.6	24.8	21.7	15.0	14.1	10.2	10.8
	女性	3,091	52.9	20.5	20.1	18.2	14.9	21.9	11.4	10.8	7.1
年代別	20代	1,228	51.1	17.1	24.1	18.6	15.8	19.0	16.4	9.0	14.6
	30代	1,299	50.7	20.6	24.4	20.2	19.2	19.7	16.9	11.4	12.5
	40代	1,300	51.8	23.6	25.3	22.0	21.5	16.1	12.4	10.5	7.8
	50代	1,309	52.6	28.1	22.8	21.2	18.7	18.8	10.3	10.3	5.6
	60代	1,305	51.2	34.6	18.2	26.1	16.7	18.1	8.0	11.0	5.2
性×年代	男性20代	634	47.6	21.1	25.1	22.4	16.9	15.9	18.1	9.8	17.5
	男性30代	680	49.7	24.9	25.9	23.8	22.5	17.6	18.2	11.3	16.5
	男性40代	680	49.3	26.9	27.8	25.6	25.9	11.6	14.0	9.4	9.1
	男性50代	685	53.7	31.5	26.3	23.2	21.8	13.3	11.2	8.9	5.7
	男性60代	671	50.4	39.8	22.7	28.9	21.0	16.5	9.1	11.5	5.8
	女性20代	594	54.7	12.8	23.1	14.6	14.6	22.2	14.6	8.2	11.4
	女性30代	619	51.9	16.0	22.8	16.2	15.7	22.0	15.5	11.5	8.2
	女性40代	620	54.7	20.0	22.6	18.1	16.8	21.0	10.6	11.8	6.3
	女性50代	624	51.3	24.4	19.1	19.1	15.4	24.8	9.3	11.9	5.4
	女性60代	634	52.1	29.0	13.4	23.0	12.1	19.7	6.9	10.4	4.6
職業	ビジネスマン（経営者・役員、会社員）	2,982	50.5	24.0	24.7	23.0	20.6	16.0	14.0	9.7	9.9
	ビジネスマン以外	3,459	52.3	25.6	21.5	20.5	16.6	20.3	11.7	11.1	8.4

因子分析

	因子		
	I	II	III
まじめで信頼できる社員がいる	1.005	−.172	.039
リスクへの備えがしっかりしている	.946	.264	−.271
地域に密着し発展に貢献している	.905	−.122	−.157
安定的な収益基盤がある	.899	−.009	.070
社会の発展や社会課題の解決に貢献している	.787	.191	.010
環境にやさしい経営をしている	.781	−.137	.261
健全で開かれた経営をしている	.778	.117	.144
アフターサービスや問い合わせ対応がしっかりしている	.746	.066	.118
問題があっても迅速に公表する姿勢がある	.649	.242	.128
経営方針を分かりやすく説明している	.588	.444	.008
長期的な成長が見込める	.543	.335	.189
文化スポーツの発展に貢献している	.519	.019	.365
良い企業理念やビジョンに基づいた経営をしている	.512	.266	.303
起業家やベンチャー企業に積極的な支援をしている	−.199	1.089	−.003
実力主義な職場風土である	.033	.916	.001
M&Aなど積極的な投資で事業拡大をしている	.239	.908	−.285
自由な議論ができる風通しの良い社風である	−.196	.857	.313
チャレンジスピリットにあふれたリーダーや経営者がいる	−.073	.848	.231
投資家などとのコミュニケーションを大事にしている	.394	.724	−.137
信頼できるリーダーや経営者がいる	.431	.696	−.109
イノベーションにこだわる経営をしている	.047	.686	.302
ネット上で評価の高い商品サービスを提供している	−.206	.672	.399
優れた成長戦略がある	.247	.592	.227
ビジョンを掲げて業界を牽引している	.400	.453	.230
社員がやりがいを持って活き活きと仕事をしている	.232	.396	.374
コアなファンが多い商品サービスを提供している	−.165	−.016	1.050
オリジナリティや独創性がある商品サービスを提供している	−.250	.202	.989
優れた機能効果を持つ商品サービスを提供している	.268	−.032	.769
付加価値の高い商品サービスを提供している	.198	.099	.740
メディアや口コミで話題の商品サービスを提供している	.060	.201	.725
多くの人の購入している商品サービスを提供している	.338	−.148	.710
品質に信頼がおける商品サービスを提供している	.628	−.365	.670
開発ストーリーに共感できる商品サービスを提供している	.106	.279	.623
こだわりをもった社員が品質向上にチャレンジしている	.246	.190	.621
革新的および先進的な商品サービスを提供している	−.172	.574	.603
商品サービスを安価に提供している	.210	.032	.477
寄与率	23.120	23.146	22.723

因子抽出法：最尤法　プロマックス回転

3つの因子による消費者行動の重回帰分析

		標準化係数			調整済み R2乗 **P<0.01 *P<0.05
		トラスト	バイタリティ	提供バリュー	
目的変数	モデル1 ネット検索	0.139 *	0.577 **	0.244 **	0.790
	モデル2 企業サイト閲覧	0.240 **	0.590 **	0.114	0.765
	モデル3 視 察	0.421 **	0.313 **	0.172 *	0.681
	モデル4 購 入	0.461 **	0.082	0.401 **	0.754
	モデル5 ソーシャル投稿	0.001	0.459 **	0.359 **	0.582
	モデル6 リアル共有	0.488 **	0.239 **	0.210 **	0.733

出典：北見幸一・阪井完二・末次祥行（2017）「企業の魅力要素と購買行動の考察」『日本マーケティング学会 カンファレンス・プロシーディングス』Vol.6, pp.195-205

図表出所一覧

CHAPTER 1

図 1-1
株式会社MM総研『スマートフォン市場規模の推移・予測（11年7月）』
『2016年度上期携帯電話端末出荷と契約数の推移・予測』をもとに作成

図 1-2 〜 1-5
総務省 情報通信政策研究所
『平成28年 情報通信メディアの利用時間と情報行動に関する調査』をもとに作成

図 1-6
電通パブリックリレーションズの情報流通構造® 基礎設計図をもとに作成

図 1-7
企業広報戦略研究所『第2回企業魅力度調査』

図 1-8 〜 1-9
企業広報戦略研究所『第1回企業魅力度調査』

CHAPTER 2

図 2-1 〜 2-13
企業広報戦略研究所『第2回企業魅力度調査』
（図 2-3 〜 2-5は『第1回企業魅力度調査』も参照）

CHAPTER 4

図 4-1
ソニー株式会社の資料をもとに作成

CHAPTER 6

図 6-1
オンライン動画専門チーム「鬼ムービー」の「感情トリガー・マップ」

図 6-2
電通グループオリジナルメソッドの「PR IMPAKT®」

CHAPTER 7

図 7-1 〜 7-5
北見幸一・阪井完二・末次祥行（2017）「企業の魅力要素と購買行動の考察」
『日本マーケティング学会 カンファレンス・プロシーディングス』Vol.6，pp.195-205

巻末付録

企業広報戦略研究所『第2回企業魅力度調査』
北見幸一・阪井完二・末次祥行（2017）「企業の魅力要素と購買行動の考察」
『日本マーケティング学会 カンファレンス・プロシーディングス』Vol.6，pp.195-205

執筆者プロフィール

三浦 健太郎（みうら・けんたろう）

企業広報戦略研究所　所長。1981年入社。国内外の企業（特にIT系企業）に対し、コーポレートPRからマーケティングPRまでを多数経験。事業戦略サポート、リスクコンサルティング、コーポレートブランディング、地域合意形成のほか、産学協同プロジェクト、ネットコミュニティのプロデュース、Webサイト運営、検索サイトの立ち上げなど多様なプロジェクトに携わる。

© gettyimages

阪井 完二（さかい・かんじ）

企業広報戦略研究所 副所長。日本PR協会認定PRプランナー。1992年入社。主に経営広報戦略のコンサルティングを手がける。ビジョン・トップメッセージ・KPI開発、パブリックアフェアーズ戦略、リスクマネジメント、クライシスコミュニケーションなどを数多く実践。日本マーケティング学会 2017年ベストペーパー賞など受賞多数。

© gettyimages

黒田 明彦（くろだ・あきひこ）

企業広報戦略研究所 主席研究員 MBA（経営管理学修士）。日本PR協会認定 PRプランナー。1986年入社。イシュー・マネジメント、ファイナンシャル・コミュニケーションなどのアドバイスとコミュニケーション・トレーニングを行う。専門分野は、経営戦略、事業戦略などに関わるステークホルダー関係論、広報組織論。多くの企業の広報戦略のアドバイザーを務める。

橋本 良輔（はしもと・りょうすけ）

企業広報戦略研究所 上席研究員 修士（工学）。日本PR協会認定PRプランナー。2004年入社。大手シンクタンクを経て、ライフサイエンス領域、デジタル領域の知見を活かしたマーケティングPR戦略立案・実行に多数関与。SNSを含む各種メディアデータや傾向に基づいた分析ツール開発等を担当したのち、現在はコーポレートコミュニケーション戦略を軸とした業務全般に従事。

根本 陽平（ねもと・ようへい）

企業広報戦略研究所 主任研究員。日本PR協会認定PRプランナー。2008年入社。オンライン動画専門チーム「鬼ムービー」所属。宣伝会議「オンライン動画プランニング実践講座」講師。共著に「自治体PR戦略」。メディア掲載に朝日新聞「ひと」。受賞歴に、Global SABRE Awards（「世界のPRプロジェクト50選」2回）、IPRA、WOMMY AWARD、PRWeek Awards Asia、日本PRアワード、グッドデザイン賞など。

萬石 隼斗（まんごく・はやと）

企業広報戦略研究所　主任研究員。ベンチャーの広告会社、戦略PR会社におけるビジネスメディアチームのリーダー経験を経て、2015年入社。ビジネス・IT系のメディアなどの知見をもとに、コンサルティングやコンテンツ開発、戦略立案、リーダーシップトレーニングなどを行っている。

© gettyimages

戸上 摩貴子（とがみ・まきこ）

企業広報戦略研究所　主任研究員。日本PR協会認定PRプランナー。入社以来、主にメディアリレーションズ、リサーチ、ヘルスケアなどの部門を担当。各部門で、メディアプロモートや調査、ツール制作などを通じた疾患啓発やマーケティングプロモーションを行う。現在は調査部に所属し、報道論調分析やヒアリング、ネット調査など、調査を起点としたコーポレート・コミュニケーションを担当。

編著者プロフィール

企業広報戦略研究所

（Corporate communication Strategic studies Institute : 略称C.S.I.）

株式会社電通パブリックリレーションズ内に設立された研究組織。企業経営や広報の専門家（大学教授・研究者など）と連携して、企業の広報戦略や体制などについて調査・分析・研究を行っている。

調査分析

◎ 東京都市大学　都市生活学部　准教授

北見幸一

◎ 株式会社アイディアシップ

後藤大介　寒田 亮

◎ 企業広報戦略研究所 プロジェクトメンバー

稲 東士雄　白砂善之　末次祥行　長濱 憲　坂本陽亮　増田 勲　陳 妃史　國分紗矢香　井藤尚宣

林 恵司　庄子陽介　江口祥平　武知茉莉亜　神崎美穂子　細井崇宏　西澤朋子　北田真理子

>> 本書の内容に関するお問い合わせは、下記までお願いいたします。

企業広報戦略研究所　書籍担当宛

［メール］ info-csi@dentsu-pr.co.jp

戦略思考《せんりゃくしこう》の魅力度《みりょくど》ブランディング

企業価値《きぎょうかち》を高《たか》める「魅力《みりょく》」の磨《みが》き方《かた》と伝《つた》え方《かた》

2018年1月29日　第1版第1刷発行

編　　著　企業広報戦略研究所
発 行 者　藤田憲治
発　　行　日経BP社
発　　売　日経BPマーケティング
〒105-8308 東京都港区虎ノ門4-3-12

取材協力　田村知子　津田浩司
撮　　影　竹井俊晴　佐々木睦　佐藤久
装幀・本文デザイン　中村勝紀（TOKYO LAND）
印刷・製本　図書印刷

ISBN 978-4-8222-5849-8